「中国精神 我们的故事」

太空双子星

——女航天员刘洋、王亚平的故事

李炳银 主编
赵雁 著

希望出版社

“神九”出征前，刘洋向大家挥手致意。　（刘洋/照片提供）

梦想其实并不遥远
只要我们努力踮起脚尖

“神十”归来后，看到家人和战友们，王亚平露出了灿烂的笑容。

（王亚平/照片提供　　朱九通/摄）

浩瀚星河放飞梦想

百炼成钢铸就辉煌

出版前言

古人云："童蒙养正，少年养志，壮年养德。"人的一生中，青少年时期正是选择人生目标和树立远大志向的关键时期。然而，"未来要成为什么样的人""未来要过什么样的人生"，对青少年来说，可真不容易说清楚。在他们的成长过程中，如果能看到、听到或者了解到一些优秀人物的人生经历，并能以他人为榜样树立正确的世界观、人生观和价值观，那无疑会是开阔胸襟、拓宽视野、丰润生命的很好途径。

"中国精神·我们的故事"这套丛书，正是专为青少年创作出版的一套讲述中国故事、展示中国智慧、弘扬中国精神的优秀励志读物。我们甄选出当下中国鼓舞人心、提振国威的一些重大题材，并邀请作家深入一线亲自采访，把那些为了祖国伟大事业而无怨无悔付出的优秀人物的感人经历，用精彩的情节和细腻的描写呈现出来。虽然每个人物身份不同，所从事的事业也不同，然而，无一例外地在他们身上集中体现出了这样的特点：

他们是典型生动的当代人物；

他们拥有非同一般的毅力和热忱笃定的坚守；

他们各有所长且卓有建树；

他们的故事，让我们由衷感受到中国精神的力量。

中国精神，意在阐述当代中国人深沉热烈的爱国精神和与时俱进的改革创新精神。中国精神，让世界上其他国家看到了中国智慧、中国道路、中国力量的强劲内驱力。对青少年来说，学习这种精神，就是要少年立志，长大后争做爱国、敬业、诚信、友善的新一代公民，为中华民族的伟大复兴而努力付出！

人物介绍

她叫刘洋，一双笑弯弯的眼睛，如一缕温暖阳光，明亮温暖。她叫王亚平，一双会说话的眼睛，似一株空谷幽兰，淡雅芬芳。

刘洋和王亚平既是同窗又是战友，从飞行员到航天员这一路走来，两人的友谊延续了整整十九年。

她们俩家境普通，但从小就怀揣梦想。梦想绝非不切实际的雾里看花，只有汇入时代奔涌的潮流，梦想之路才更坚实。换句话说，当自身努力恰好遇上了国家的大发展，个人命运也因此得到改变。

女航天员是中国女兵方队中人数最少的阵容，少意味着精和优。相似的经历，共同的认知，追逐梦想的执着，让刘洋和王亚平一同走向航天梦。这其中有机遇有幸运，更离不开她们自身的努力。

从女飞行员到女航天员，绝非一步之遥。凭借着对梦想的坚守，她们坚韧不拔地训练，孜孜不倦地追求，攀越了别人一生难以企及的人生高度——

刘洋是中国首位飞上太空的女航天员。

王亚平是中国首位太空授课教师。

我国航天事业的发展，为她们俩实现梦想提供了舞台；但是，能够把握机会的从来都是那些永不放弃的人，刘洋和王亚平的航天之路洒下了数不尽的汗水和泪水，是热爱和坚持让她们冲破难关、勇挑重任，成为浩瀚太空中靓丽的双子星，她们的名字也将永载史册。

目录

下　卷　王亚平：中国首位太空女教师

引言

在漫漫人生旅途中，你会有感到无助和迷茫的时候吗？我相信会的。因为在我们一生中，总是充满着成功与失败、顺境与逆境、选择和彷徨，而这些是我们必须要面对的；无助和迷茫，也会或大或小、或多或少向我们袭来。感到无助迷茫时，我通常会望向远处的天空，好似在那里能找到答案，并获取力量。听很多人说，他们也有这样的习惯。

高远深邃的天空因为未知和神秘，总被我们赋予无穷的意义。“我从哪里来，要到哪里去？”无止境的思索最终化为人类探索太空的切实行动。苏联“火箭之父”科罗廖夫当年接受记者采访时曾说：“人类将成为自己星球的至高无上的主人。”随着探索外层空间的脚步越走越远，人类认识宇宙的目光也越来越远。老实说，相较于深邃辽阔的宇宙，人的一生何其短暂。然而，不正是因为人类的存在，不正是因为梦想的存在，才让寂寥的宇宙富有生机和意义的吗?

仰望星空，会让人站得更高，看得更远。

多一些仰望星空的人，梦想才能放飞，追求才会高远。

探天者是人类智慧、勇敢、力量的象征。除此之外，中国航天员还有一些共性：他们小时候大多家境普通甚至贫寒，但都怀揣梦想，在各种机缘巧合下走上了航天路。不可否认，这里有机遇有幸运，但同时也与他们自身的努力分不开。当自身努力恰好赶上了国家的大发展，个人命运也因此得到改变。

他们中的每一个都执着于梦想，因为有了对梦想的坚守，他们坚韧不拔地刻苦训练，孜孜不倦地追求完美，对待生活积极向上、阳光开朗。有了梦想的支撑，一切付出都将值得。当然，梦想不是不切实际的雾里看花，只有当梦想与时代相融合，梦想之路才更为坚实。

刘洋和王亚平所代表的中国女航天员，大概是中国女兵方队中人数最少的阵容。少，意味着精和优。二人既有同窗之谊，又有战友情深，从飞行员到航天员这一路走来，两人的友情延续了整整十九年。虽然一个亲切真挚如邻家姊妹，一个甜美与智慧并重宛若明星，但是她们有着相近的经历、共同的认知，追逐梦想的执着奋进更是如出一辙。当对女航天员的解读从浮于表面到深入内心，我对她们的追梦人生也从单纯认可变为深刻认同。

中国航天员坚持梦想、勇于探索的精神永远不会过时。在这个物质极尽丰富的时代，呼唤英雄，向他们致敬，是我们的愿望也是我们的责任。

从刘洋、王亚平各自的人生轨迹中，让我们来领略一下两位女航天员的精彩人生！

上卷

刘洋：中国首位飞天女航天员

2012年6月，一个明媚平常的初夏时节，却因中国载人航天工程神舟九号的发射飞天而变得不再普通。

6月15日下午，中国载人航天工程新闻发言人宣布：

经任务总指挥部研究决定，神舟九号载人飞船定于6月16日18时37分发射，飞行乘组由男航天员景海鹏、刘旺和女航天员刘洋组成。

作为三名航天员中的唯一女性，刘洋是整个乘组的焦点。她还没有走进出征大厅，就已经在微笑了，细长的眼睛，一笑就自然眯起来。整场见面会，她始终微笑，令人印象深刻。

聚光灯下，身着蓝色出征服的刘洋高挑秀美，一头帅气的短发，浅浅的酒窝溢出甜甜的笑意。

当主持人开始介绍刘洋时，她起身向大家敬礼致意，从右至左，再从左至右。

一天后，在浩瀚太空，作为第一位出征太空的中国女航天员，刘洋在太空舱中的自由穿行，让人感受到她那巡天揽月的巾帼风范。

第一章

家教育芳华

谁先吃第一口

1978年是具有划时代意义的一年，也是中国改革开放的元年。那年10月6日，在郑州某妇产医院，一个健康可爱的女婴呱呱坠地。父母给她起名为刘洋，希望她能有海洋般广博的胸怀和学识。

她的出生，给这个普通工人家庭带来了无尽的欢乐。每当看到女儿胖乎乎的小脸蛋上一对乌溜溜的眼睛，用好奇的眼光打量着这个世界，刘洋父母的心便融化了，仿佛吃了蜜一般。

当时，刘洋父母上有老下有小，还要照顾弟弟妹妹，生活谈不上富足，甚至还有些清苦。一家三口挤在八平方米的蜗居里，一张床、一张桌子和摞起的箱子就把家里占得满满当当，下个脚都困难。

虽然家境并不富足，但刘洋父母在教育子女方面却不含糊。他们认为树德才能树人，所以坚持从点滴抓起，从小事抓起，使刘洋从小就养成了好习惯。

古时，一个叫孔融的孩子，家有七兄弟，孔融排行老六。

孔融四岁的一天，邻居家送来一筐梨，他挑了一个最小的梨，把大的梨让给哥哥们吃。

大家好奇地问他："你为什么挑小梨，而不挑大梨呢？"

孔融回答："哥哥们比我大，应该吃大梨；我是弟弟，应该吃小梨。"

大人们听了，都称赞孔融是个懂事谦让的好孩子。

这是很多人小时候都听过的"孔融让梨"的故事。

从小，刘洋就是乖巧懂事的好孩子。家里但凡有好吃的东西，她总是让父母先吃第一口。妈妈从小就教育她，事事要尊重长辈，吃东西要请长辈们先吃。即便是最爱吃的，无论刘洋多想大快朵颐，可在诱惑面前，规矩为大。直到现在，这个习惯刘洋也一直保持着。

孟子说："不以规矩，不能成方圆。"在很多人的印象中，大概都是父母长辈将最好的、最稀罕的食物省下来，让给孩子吃，孩子满意了，父母长辈也就心满意足了。但是，刘洋的母亲却能从生活小事上教给女儿要从小懂规矩、守规矩。这个小小的细节，反映出家庭教育对孩子的成长是多么重要！

留言条

一般都说严父慈母，可在刘洋家却是严母慈父，母亲对刘洋的教育有时算得上严厉。

上小学后，刘洋放学回家父母还都在上班，没人照看她。母亲给她提了要求：不论去什么地方必须说一声，以便大人放心。所以，刘洋很小就会写留言条，自己在什么地方，和谁在一起，在做什么，写得清清楚楚、明明白白。遇到不会写的字，她就用拼音标出来。写留言条这个习惯，一直延续到刘洋上中学以后。

读中学时，随着学习压力日渐加大，刘洋常常晚睡早起。心疼女儿的父亲，每次叫女儿早起，都会耐心地多喊几遍，催她起床、吃饭、上学。碰上父亲不在家，刘洋可就享受不到这种“待遇”啦。每天早上，母亲只叫她一次。如果起晚了，刘洋该吃的早饭一口不能省；至于迟到嘛，母亲让她自己去和老师解释，如果老师处罚，那她也必须承受。一向对自己严格要求，把上学当作头等大事的刘洋，自然不会让迟到这种事发生在她身上。这样一来，刘洋也渐渐养成了早上不赖床的好习惯。

从小到大，接触过刘洋的人都对她的礼貌待人有着很深的印象。不管是父母的同事还是亲戚朋友，无论认识不认识、熟悉不熟悉，只要一见面，刘洋都会主动上前打招呼——“叔叔好！阿姨好！”，不打招呼不说话。

这么有礼貌、懂规矩的孩子，谁不喜欢呢？

特制书桌

刘洋的父母当年读书时成绩良好却没能有机会圆大学梦，因此他们对女儿的学习抓得很紧，希望她长大后成为一名有知识、有文化、有梦想的人。

考大学的念头，从小就在刘洋心中扎了根。

刘洋上学了，当时家里地方太小，除了必备的家具用品，连个放书桌的地方都没有。

为了能让刘洋有个学习的地方，母亲特意设计了一张特别的书桌：桌面宽度只有10厘米左右，将本该横向开的书柜门改为向下开，需要学习的时候把柜门向下打开，门板这时就变成了一张桌面；不需要的时候再合上，既美观大方，又节省空间。

这张别致的蓝色书桌陪了刘洋整整九年，伴随她度过了从小学到初中的学习时光。现在，刘洋父母家的居住条件大为改善，曾经见证女儿成长的这张书桌早已搁置不用，可母亲却舍不得扔掉它，一直保存着。

看见它，母亲仿佛又看见了女儿当年苦读的模样。

过去，由于住的是筒子楼，冬天冷夏天热，碰上冬天没暖气，家里就非常冷。早晨起来，毛巾都被冻得硬邦邦的，心疼女儿的父亲就给刘洋做了一只暖手炉。

冬夜，在家里看书、写作业时，要是觉得太冷了，刘洋就用被子裹住腿和脚，怀揣暖手炉坚持学习，有时学到夜里十二点钟还不肯睡。

自律好养成

上学时，学习被刘洋视为最重要的事，勤奋好学的她常常受到老师和同学们的交口称赞。

抓紧点滴时间学习，逢年过节走亲戚，她都带着书，抽空就看。因为习惯养成好，刘洋从小便自律，做事有计划。平时放学回家，刘洋先把自己关在屋里温习功课，不写完作业绝不会出去玩。有时，难免有熟识的同学来找她玩。这时，刘洋总会拒绝说："功课完成了，我们不是玩得更尽兴吗？"

即便到了寒暑假，刘洋也有会早早起床，锻炼身体，不会睡懒觉。每天该完成多少作业，还要做什么样的温习，都在她制作详尽的计划里，不会打折扣。在每个假期开始前就做好计划，之后的每一天严格按照要求来完成，是刘洋从小养成的习惯。

所以，刘洋的每一个假期都过得充实而有趣，开学时才能信心满满。赶作业这种事，不会在她身上发生。

小学毕业时，经过层层推选，品学兼优的刘洋被保送到重点初中郑州三中学习，初中毕业时她又被保送到郑州市十一中学。说起刘洋，初中同学的评价颇为一致：家教好、成绩好、性格好，是老师眼中的好学生，是家长眼中的乖孩子。

升入高中后，刘洋心无旁骛，一门心思刻苦学习，极少被其他因素干扰。那时，她的学习成绩一直保持在前几名，很快就在尖子生云集的学校里崭露头角。

跳绳冠军

小学三年级时，刘洋就读的学校举行跳绳比赛。

可直到比赛前几周，刘洋还不会跳绳。

怎么办？她就天天带着跳绳课间练、回家跳，抓住机会反复练习。不知道经过多少次的练习，也不知道滴落了多少汗水，刘洋从完全不会到连跳五十个、一百个、三百个……到最后，可以连续跳近千个都不用休息。在跳绳比赛中，她一举夺冠，令很多同学大吃一惊。

上中学后，刘洋的体育算是弱项，立定跳远、短跑等几项体育测验成绩都不理想。她不愿服输，于是每天早起跑步、跳楼梯，好长一段日子坚持下来后，刘洋的体育成绩明显有了提高。

谁都知道，体育锻炼不仅累而且还枯燥，十几岁的女孩子再要强，也总会有想着偷懒的时候。每当刘洋冒出一点点懈怠的念头时，父亲就一个劲儿地鼓励她坚持再坚持。

最终，刘洋还是咬牙坚持了下来。

后来的体育测验中，她收获了汗水浇灌后的果实——体育项目全部过关，有的科目成绩还相当不错。

这给了刘洋很大的鼓舞。

就是在这样的磨炼中，坚韧的品格一点点地融入她的血液，也正是凭着这股倔强不服输的个性，刘洋克服了成长道路上一个又一个的困难。

第二章 朴素女孩的朴素情感

『证书专业户』

在生活上，刘洋从来都不攀比。

对于生活中的一点点赐予和获得，她都极为珍惜，也十分感恩。

豆蔻年华的女孩子，免不了有点小心思和小想法，也开始爱打扮了。很多女孩子都爱穿得鲜艳一些，但同样年龄的刘洋却穿得很朴素。那时，每位教过她的老师都有类似的印象，刘洋有异于同龄人的沉稳。在高中同学的毕业合影中，刘洋身穿一件灰色翻领夹克，梳着简单的马尾，特别朴素却也落落大方。

虽然穿着上不讲究，但在学习上刘洋却频频发力。高中时，很多同学偏科，刘洋可从不偏科，学习成绩一直拔尖，几乎每门功课都在90分以上。在那个时候，她就深深懂得：学习是第一要务，学生就是要用成绩来说话。

从小学到高中，刘洋获得了多少次荣誉，领到了多少张奖状，恐怕连她自己也说不清啦。1986年，刚上小学一年级的刘洋就被评为“三好学生”，从此以后，她仿佛就和“三好学生”这项荣誉结了缘，小学和初中的每个学期，她几乎都会被评为“三好学生”。至于“优秀班干部”“优秀团干部”等校级或市级荣誉更是屡屡摘得，加上各种竞赛的好几十个获奖证书，刘洋成了当时班里的“证书专业户”。

留影天安门

家里不宽裕，懂事的刘洋特别体谅父母。

初中毕业时，学校组织学生到北京玩，除了游览名胜古迹外，还要到北人、清华等知名大学去参观。

对十几岁的女孩子来说，这是一次多么令人憧憬的旅行啊！

看一看打小就在歌里唱过的天安门，见识一下全国最著名的高等学府，又何尝不是刘洋的梦想？

但她仔细想过后，主动和母亲提出：不去了。只因为当时父亲在外出差，母亲要照顾生病的外婆，刘洋一怕家人分心，二怕出门花钱。

女儿的懂事，让母亲内疚不已。

不久，郑州市又组织了一次市优秀学生去北京的夏令营，学校老师为刘洋报了名。

这次，刘洋终于在天安门前留下自己的倩影。

读军校每个月都会有津贴，自打上了大学以后，刘洋就没有再花过家里的一分钱。工作后，每次回家，她还会用攒下来的钱给家里添置一些物品。她知道母亲身体不好，就买了好多种理疗仪器，为的是减轻母亲的病痛。就连家里的电视机、洗衣机、空调这些大件儿，也都是刘洋买的。

两双球鞋

“感恩”，是刘洋经常会说到的词语。小小年纪的她，已懂得用自己的方式去回报父母的恩情。

刘洋的母亲对两双球鞋的事情，记忆深刻。

初二时，成绩优异的刘洋拿到了第一笔奖学金——10元钱，当时对一名学生来说，那可真是一笔不菲的收入啊。同学们很羡慕，纷纷问刘洋会买什么礼物犒劳自己，刘洋笑而不答，可心中早有了打算。

第二天，刘洋悄悄去商店买了一双10元钱的回力球鞋，送给了父亲。她记得，之前有次逛街时父亲不经意地说，自己的球鞋破了。父亲无心的一句话，却被女儿记在心里，她要靠自己的努力回报父母，她要为父亲买双新鞋。

看到女儿的礼物，刘洋的父亲别提有多高兴了！在他的眼里，这双球鞋简直就是意义非凡。他分明看到了女儿明理重情、金子一般的厚道孝心。

升入初三后，刘洋又一次拿到10元钱的奖学金，她不偏不倚，马上也给母亲买了一双回力球鞋。

刘洋还贴心地对父母说："爸爸妈妈，你们要注意锻炼身体啊！"

每一次谈起这两双回力球鞋，刘洋母亲的眼眶都会湿润。两双球鞋真是暖了父母的心啊！

这是刘洋送给父母的第一份礼物，也是在父母眼中分量最重、最有意义的礼物。这两双球鞋让他们真正感受到女儿长大了。

试出来的蓝天梦

刘洋童年时的梦想是这样的——

“小时候，和妈妈坐公共汽车去公园，感觉公共汽车好神奇，能拉着那么多人到处跑。那个时候，我就梦想长大了要当一名公共汽车售票员，那样的话，就能天天坐在公共汽车上啦。”

初中时，刘洋想当一名老师。因为成绩不错，很多同学向她请教难题，刘洋很享受帮助同学讲解完难题后的那种成就感。

高中时，她又想当一名律师，当时热播电视剧《法网柔情》的男主人公是一位帅气、正义的大律师，这让刘洋很羡慕。

然而，少女时代的刘洋从没有想过，自己会有一天飞上蓝天、飞向太空。命运是在不经意的那一刻，发生了改变——

高三那年，刘洋正好赶上空军到河南选拔女飞行员这个大好机会。当时，空军每七年才招一批女飞行员。报考女飞行员，条件有硬杠杠：身高一米六五以上，视力要好。

老师给刘洋和班里几个符合条件的女生都报了名。老师想的是，通过高考上重点大学，刘洋可选择的机会很多；但是，当女飞行员的机会也许一辈子只有这一次。

刘洋一开始不知道，等她了解到老师的良苦用心后，也觉得这是一件特别好的事情！回到家，刘洋马上把“招飞”的事儿告诉了父母，并表示自己也确实想试一试。

说实话，对刘洋报考女飞行员的事儿，父母确实不抱希望，他们觉得女儿长得瘦弱，体检不一定能过关。但是，他们从来都很民主，只要是女儿决定的事，他们都支持。

“既然想报考，那咱就试试吧！”

第一轮体检，刘洋过关。

第二轮测试，刘洋胜出。

第三轮体检安排在济南空军招飞中心进行。当时，郑州只剩下三名女生了。母亲送刘洋到火车站时，才发现同去的两名女生都有父母陪同，不免有些担心也有些后悔：毕竟孩子才十几岁，第一次出远门。

刚到济南，见到来自不同地区的那么多女孩子来体检，刘洋还是有些紧张的，但她很快就恢复了平静。

这轮体检结果出来，刘洋再次过关。

三轮体检后，就需要用成绩一决高下了。为此，刘洋专心致志地投入了人生之大考——高考。

那一年，刘洋不负众望，考出了高出理工科一本线几十分的好成绩。一路过关斩将下来，刘洋和父母都没想到，当时瘦得像细面条的她最终却脱颖而出，成为当年郑州唯一的入选者。

1997年8月，刘洋收到了录取通知书和入伍通知书。

那张封面印着八一军徽的空军飞行学院录取通知书上

的内容，她一辈子也不会忘记：

刘洋同学：

你被光荣地录取为中国人民解放军空军飞行学员。

祝你早日成为一名蓝天卫士！

那时，郑州的媒体以《我市将有第一位女飞行员——刘洋好样的！》为题报道了这个消息。透着喜气的红色标语、横幅，贴满、挂满了郑州市十一中学的校园：

“热烈祝贺我校刘洋同学被长春飞行学院录取！”

“祝贺我校刘洋同学成为河南首位女飞行员！”

一时间喜讯传遍校园内外，刘洋成了众人羡慕的对象。

一个关于蓝天的梦想，扎扎实实地在刘洋的心中明晰起来。

第三章

破茧成蝶

下马威

长春飞行学院是我国培养空军飞行人员的摇篮。

这是一所有着光荣历史的学校，在六十年的风雨洗礼中，该校为国家输送了十四万余名各类军事人才，其中两百多名毕业学员成长为共和国将军，还涌现出了战斗英雄王海、张积慧、刘玉堤，“海空卫士”王伟，复合型飞行舰长柏耀平，中国工程院院士李明等一大批模范人物，创造了中国空军史上“最先培训新中国第一批女航空员”“最先承训双学士飞行员”“最先培养空军侦察情报人才”等近二十个“空军之最”，被誉为“飞行员的摇篮”“英雄的摇篮”“将军的摇篮”。航天英雄杨利伟、翟志刚和英雄航天员费俊龙、聂海胜、刘伯明、景海鹏、刘旺、刘洋、王亚平等都毕业于这里。2004年，长春飞行学院和其他两所飞行学院合并，组建为中国人民解放军空军航空大学，目前是我国唯一“以培养飞行人才为主体，兼顾航空飞行指挥与航空工程技术两大专业”的综合性军事高等学府。

当刘洋还沉浸在光荣成为女飞行员学员的新鲜和喜悦中，飞行预校的学习和训练却给了她一个下马威。

学院不仅有严格的要求，更有铁一般的纪律。在这里，刘洋不仅要迅速完成从学生到军人的转变，还要成长为一名女飞行员。学院设置的军事课，包括理论、技能、战术、野外综合训练、实弹射击、器械体操等。军体课平均每周上三到五次，要练习引体向上、旋梯、固定滚轮、单杠、长跑、篮球……

近乎严苛的军校生活，让从小到大都是同龄人中佼佼者的刘洋，一下子变成落伍者，深陷痛苦中的她开始感到迷茫、不自信。

刘洋审视着自己，也审视着梦想。

“到处都是规矩、纪律，一不小心就会受到批评。每天的生活单调而枯燥，周而复始，一成不变……齐步、正步、跑步，一切都要从头学起；为了一个摆臂，在烈日下一站几个钟头；奔跑、跳跃、单杠、吊环，累到手发软脚发抖；冬天一身冰霜，夏天满身泥汗；手上的茧子掉了又起，起了又掉。这就是我曾经千百次设想过的军校生活吗？”

刚到飞行预校的最初几个月，细豆芽一样瘦弱的刘洋很快发现，体能是她最大的弱项。在文化课学习方面，她从没有害怕过，但大量体能训练和考试却让她明显没了底气。

头一个月，每天都是队列训练和高强度的体能训练。一百米测试，她位列倒数；八百米和一千五百米测试，别人都跑完了，她才跑了几圈，而且已经是抬不起脚迈不开步了。于是，有跑完的学员下来带她跑，这样的情形多了，让刘洋既感动又难过。引体向上、臂屈伸这样的力量练习，她一个也做不下来。看着别的学员在单杠上轻松腾跃的骄人身姿，刘洋又是羡慕又是泄气。

回想往日自己上的是市里的重点高中，还是全年级鼎鼎有名的好学生，可在这里却变成了差生，变成了拖大家后腿的落后分子，巨大的落差感，让刘洋简直透不过气来。

她对自己失望透了，觉得自己什么都不行，样样不如人，从前的自信无影无踪。沮丧的她，把头蒙在被子里悄悄地流泪，还不断地问自己：我是不是真的不适合这里？

跑成『圣诞老人』

“飞行员是精神、意志、脑力和体力并重的职业，高强度的队列训练和体能训练，对于一直以学习成绩为傲的我，是巨大的考验和磨砺。与同期入伍的体育特长生相比，我远远地落在了后面。”

但好强的刘洋，没有让这样的犹豫、迷茫持续多久。她很快调整了自己，以适应飞行学院的生活。她深知，只能努力去适应环境，不可能让环境来适应自己。既然她在运动上没有天赋，要想和别人有一样的训练成绩甚至超越别人，那就没有别的捷径可走，只有多练。

此后，刘洋少了彷徨，多了坚强。

她早上跑晚上练，周末也加班练，常常操场上只剩下她孤独的身影。可是，哪怕跑得再晚，哪怕跑得再慢，她也绝不会耍滑偷懒，也从不会少跑一步。

长春的冬天动辄就是零下二十多摄氏度，刘洋和其他女学员穿着绒衣绒裤，戴着帽子围脖，每天就在冰天雪地里跑。跑不了多长时间，汗水把衣服打湿了，哈出的水汽在眉毛、睫毛以及帽子围脖的边沿都结上了冰碴子，大家伙一个个都跑成了“圣诞老人”。很多学员的手上、脚上都生了冻疮，晚上睡觉的时候又痒又疼，特别难受。

而在炎炎夏日，她们一路跑下来，衣服湿了干，干了湿，早已变成了“盐碱地”。力量练习又让她们细嫩的手掌打满了血泡，破了长，长了破，结了厚厚的茧子。

就是通过这样日复一日的练习，半年后，刘洋终于摘掉了落后的帽子。等到一年零八个月的飞行预校学习结束时，刘洋的八百米测试成绩达到优秀；引体向上、单双杠这些项目也都难不住她了。

当一个人为一件事吃了很多苦，付出很多努力的时候，就会越发热爱它。

四年军校生活中，刘洋一直坚持体能锻炼，从未停止过。不管是训练的艰苦和困难，还是内心的动摇和迷茫，刘洋从来不愿和父母多说。每次给家里打电话，她总是报喜不报忧，就害怕父母心疼她、担心她。

军校毕业时，刘洋的学习训练成绩为全优，是为数不多的优秀学员之一。

真心英雄

军校学习中的第一次跳伞，是学员们抹不去的记忆。

跳伞训练先从体能训练开始，其中包括五千米长跑、练臂力、仰卧起坐、俯卧撑等训练内容。一个月的地面训练结束后，刘洋、王亚平和其他女学员个个都晒得像小煤球。

除了地面训练，她们还要进行离机着陆动作的训练。一个方方正正两米高的柱子，突兀地立在一片很大的空地上，由于没有周边建筑物做参照，它显得特别高。刘洋第一次站在这个台子上时，眼睛刚刚向下望，两腿就直发软，她感到了怕。

这时，刘洋耳边传来教员亲切的鼓励，地面上的学员们也大声喊着，为她加油。

为了蓝色的梦想，刘洋必须跨过这道坎！如同每一个困难来临时那样，她知道，不能躲闪，更不能害怕。于是，刘洋眼一闭，心一横，径直往下跳。

——她成功了！

正式跳伞的日子，终于到了。

那天，蓝天上的朵朵白云也似乎绽开笑脸，向这些年轻的姑娘们打着招呼。大部分女学员都是第一次坐飞机，她们的兴奋之情不难想象。大家开玩笑说，第一次坐飞机就要往下跳，那种感觉一定很奇妙。

坐上飞机，即便分量不轻的伞包将身体坠着微向后仰，姑娘们感觉并不舒服，可那也挡不住她们叽叽喳喳的说话声。

贴心的教员拿出早已准备好的摄像机，他要为姑娘们留下难忘的影像。飞机在慢慢升高，当教员的第一圈镜头扫过时，每个姑娘都笑意盈盈，对着镜头比画着胜利的手势，做出各种可爱的表情，完全沉浸在即将跳伞的兴奋中。

随着飞机离地面越来越远，地面的景物一点点在缩小，此时，镜头里姑娘们的表情也一点点变得凝重。

座舱里开始安静下来，没有人说话，只听见飞机发出的巨大的轰鸣声。姑娘们感到，随着高度的上升，耳朵发闷发痛，身体也变得木木的。

飞机升到八百米高空时，教员打开舱门，向外探出头。

这正是当天的跳伞高度。

这时，教员回头望向坐得端端正正的姑娘们，发现有几个正在默默流泪。

此刻，座舱顶部的黄灯开始闪烁，提醒着姑娘们开始准备跳伞。姑娘们站起来，抱着伞包，低着头，默默排队往舱门方向走去。紧张的她们，谁也没有勇气四处打量。

绿灯一亮，大家一个紧跟一个跳下去，恨不得能踩着前面一个人的后背，完全忘了每个跳伞的学员中间要间隔三到五秒。

教员惊叹道："只见过把着舱门不敢跳的，没想到，她们个个都这么勇敢！"

其实，并不是姑娘们不紧张，而是此刻的她们根本不敢停留，害怕一停下来就没有勇气往下跳了。

随着主伞砰的一声打开，伞绳把人呼地往上一拽，空中的一个个小黑点渐渐变成了小蘑菇，蘑菇越来越大，黄色、绿色、红色、白色……顷刻间，天幕下绽开了朵朵伞花。

当一朵朵伞花徐徐降落在地面上，一直处于空白状态的大脑好像这时才清醒了。第一次跳得稀里糊涂，根本来不及多想，等到第二次跳时，姑娘们这才真正感到了恐惧。正是因为这样的心情，刘洋第一次跳完后就去找教员，表示不想跳了。

教员说："你可以不跳，但这样的机会很少。今天不跳，你以后一定会后悔的。"

刘洋抱着伞包默默坐在一边，教员的话一直在心里翻滚。

"绝不能因为一点点恐惧，就让自己后悔啊！"

打定了主意的她，又背着伞包上了飞机。

当她终于战胜恐惧纵身跳下的那一刻，刘洋的头脑极为清醒。一离机，她便开始按照规定读秒，数到开伞秒数时，伞并没有如期打开，刘洋很镇定地又数了一遍，伞终于打开了！

那一刻，刘洋有了伴着伞花遨游蓝天的感觉，她是如此享受这个过程。看见旁边的伙伴被上升气流带着往上飘，白色的云朵就在身边环绕，她甚至有伸出手去抓一把的冲动。啊，真想试试把朵朵白云抱在怀中的感觉。

跳伞训练非常成功。在回去的车上，姑娘们没有了来时的兴奋，也没有人多说话。她们还沉浸在刚刚过去的跳伞考验中，无限滋味在心头涌动。是啊，平时连见到虫子都会哇哇叫、都会哭的胆小女生，一个个勇敢地通过了跳伞训练，她们要为自己的勇气点赞。此时，不知是谁起头唱起了《真心英雄》，起初一个人唱，很快其他人跟着唱了起来。唱着唱着，姑娘们都泪流满面。

这艰难而难忘的“一跳”，就像一道分水岭，勇气从最初的微弱火苗升腾为炽烈的火焰。姑娘们勇敢地挑战了自己，战胜了自己。这是多么令人欣慰也多么令人自豪啊！

刘洋还记得，第一次跳伞之前打电话回家，心里多少有点担心和恐慌的她，听见母亲在电话那头轻描淡写地说："不就是跳伞嘛，没问题，安全得很；何况有教员在，我们很放心。"

当时，刘洋没有多说什么，可心里多少还是觉得委屈，以至于跳完了，她并不急于打电话给父母报平安。其实，刘洋哪里知道，这是母亲怕她紧张，为她宽心才故意那样说的。直到晚上给父母打电话时，她才知道，整整一天父母都在提心吊胆，焦急地盼着她的电话来。

听到刘洋的声音，父亲在电话那头激动地说："好好好，平安顺利就好！"母亲呢，拿起电话，一句话也说不出来，任凭双泪长流。

"雏鹰在家的庇护下，怎么也飞不高。"

第一次跳伞后，刘洋写信时这样对父母说。

谁说女子不如男？

在男飞行员占绝大多数的职业群体里，女飞行员可谓凤毛麟角。五十多年来，我国培养的女飞行员也不过三百多人。

当年，毛主席接见女飞行员时曾说："要当人民的战斗员，不要当人民的表演员。"这句话成为刘洋时刻提醒自己的警句。

一次，飞行预校组织野营拉练，第一天就要求所有学员全副武装地行军37公里，五天时间里几乎天天如此。学员们的口号是：流血流汗不流泪，掉皮掉肉不掉队。艰苦严格的训练，让男学员都感到吃不消，可没有一个女学员掉队，也没有一个上收容车。

五天拉练下来，刘洋的脚上全部打满血泡，一着地，脚就钻心地疼。队长看到她痛苦的模样，让她上收容车。倔强的刘洋摇摇头拒绝了，她忍着疼痛，一步一挪，硬是坚持了下来。拉练结束后，同伴搀扶着刘洋走进医务室，这才发现她脚上的血泡已连成片，血肉模糊，不忍直视。

女学员们的出色表现令所有人都刮目相看，为此，学院领导专门来看望她们。当领导表扬的话刚一出口，一直憋着一股劲儿，不愿被别人看轻的女学员们，顿时哭成一片。

在拉练的五天时间里，没有一个女学员哭过。所以，那泪水里饱含激动、喜悦、兴奋，还有一点点委屈：谁说女子不如男呢？

从那以后，刘洋清楚地认识到：要用百倍的努力和付出去证明自己的实力，要用全力以赴的拼劲将梦想变为现实。

第四章 雏鹰展翅

守规矩的幸运

在飞行学院，学习辛苦、训练辛苦自不必说，单说淘汰的压力就很大。刘洋、王亚平同一批的37名女学员中，真正飞上蓝天的只有22名，而这已经算是很高的比例了。

在这些女学员中，刘洋给教员和学院领导留下了“能吃苦”“闷头练”的印象。2001年6月，经过四年飞行学院的学习，刘洋被分到素有“女飞行员成长摇篮”之称的运输航空兵某师，成为一名运输机女飞行员。她正式开始了蓝天生涯。新的生活、新的环境，也让刘洋以崭新的生活姿态开始冲击人生新高度！蓝天给予刘洋热情阔达的拥抱，同时，又带给她无时不在的考验。

一次，刘洋驾机结束了起落训练，飞机最后落地的姿势和位置非常漂亮、非常精准。然而，当飞机缓缓从长长的跑道滑到停机坪时，却发生了急剧偏转。怎么回事？原来是一边的起落架突然收起，飞机发生了倾斜。此时，飞机的螺旋桨和机翼在水泥路上高速摩擦，打出了一大串火花，看着令人心惊！面对突发状况，刘洋非常镇定。她稳住心神，果断处置。终于，飞机慢慢停下，没有酿成大的事故，也保证了人员安全。后来查明，这是一起机械故障。

这件事对刘洋的影响很大，如果当时着陆点不好，如果速度不适当，如果提前踩了刹车，如果……无论是哪一种，都极有可能造成飞机偏出跑道、发生碰撞的严重事故。

多么可怕的如果！如果没有严格按照规定办事，就会造成血淋淋的后果。从此，刘洋在工作学习中养成了守规矩的习惯，而且从不打折扣，说是几分几秒就是几分几秒，不会抱着“早一点、迟一点、错一点都没关系”的侥幸心理。因为她知道，一次不出事故不等于次次不出，大的事故都是很多细小的失误累积而成的。这些习惯和认识，让刘洋在之后的工作中受益匪浅。

撞鸟事件

“每一次飞行升空，每一次返航着陆，都是一次挑战，都是一次涅槃。”刘洋曾如此感慨。

2002年9月，刘洋来到飞行部队刚刚单飞不久，有一天，她驾驶“战鹰”进行仪表飞行。当天，天气状况不是很好，能见度只有两公里，气象条件比较复杂。

飞机离开地面10米左右，刘洋刚发出“收起落架”的口令，便听到砰的一声，只见一股鲜血直喷到风挡玻璃上，座舱内瞬间充满了焦煳味。

刘洋马上判断：飞机撞鸟了。紧接着，机械师报告：“右发动机温度升高，动力下降！”

在这样的危急情况下，大家都捏了一把汗。

中止起飞已没有可能，唯有争取高度建立小航线，多一些处置时间，并尽快着陆。刘洋沉着冷静，集中精力保持飞行状态，和机组人员密切协作，一番惊心动魄后，飞机终于在跑道上成功着陆。刘洋下了飞机一检查，发现飞机被鸽群砸了一个大坑。飞机一共撞上了21只鸽子，有两只还被吸进了气道。飞机造成损坏，再也启动不了了。如果发动机早停车一会儿，后果不堪设想。

大家都心有余悸，连连说着"好在……很幸运……"之类的话。此时，刘洋根本没工夫去想后怕啊恐惧啊什么的，她很焦急地找到教员讲："赶快换飞机，我们还有两个起落没飞完呢！"

现在想想，这真是一股初生牛犊不怕虎的猛劲。

如此惊险的经历，刘洋怕父母担心，没和他们提起。

然而，刘洋的这一经历却被记者写成报道《蓝天方阵一雏鹰——空军第七批女飞行员刘洋速写》，登上了《解放军报》，并配上她驾驶"战鹰"英姿勃勃的照片。

这年刘洋二十四岁，毕业到部队才刚一年。

最美的阳光

大家都知道，飞机是看天飞行，正常飞行都是在天气好的时候飞，而消云降雨却要专门找天气不好的时候飞。这对驾驶员来说，是一个非常大的考验，全凭飞行经验和对天气的把控能力。

那天机组接到命令，西安大旱，让他们在可能的情况下争取第一时间赶到灾区实施人工降雨，实在不行就返航。那时，天气已经十分不好。飞机刚起飞，就入了云。随后，天空开始下起淅淅沥沥的雨，雨越下越大，雨水哗哗地打在风挡玻璃上。飞机就在一点点变厚的云层中小心穿行，过了没多久，飞机就开始结冰。这样的状况，非常危险。

刘洋一边小心翼翼地保持飞行状态，一边想办法来除冰。可是，冰越结越多，看上去真像一层厚厚的铠甲，而且还在不断加重。

刘洋从仪表盘判断，飞行速度在一点点往下降，飞机的自动驾驶系统已不敢用，油门已经加至最大。她小心翼翼地握着驾驶杆，修正各种气流，使飞机减少晃动并保持高度，避免发生偏转和抖动而造成飞机失速。

怎么办？如果即刻返航，旱区群众盼着降雨，所有人都在等。如果不返航，天气情况太差，出现危险的可能性也在增大。

机组人员仔细研判云层情况，分析出云层好像有变薄的迹象，决定只要有一线可能就争取飞往目的地。他们密切观察天气情况，做好了备降准备，甚至连中途的降落点都在地图上标好。

此时，螺旋桨甩着冰块打在飞机舱壁上，发出“咣咣”的响声，一声声叩击着耳膜，让人感到惊心动魄。

飞机奋力向前方飞去。刘洋一边飞，一边在心中祈祷默念：云儿呀，赶快变薄吧！太阳啊，快出来吧，快出来吧！

她从来没有像此刻这般渴望见到太阳。

老天爷像是听到了刘洋和战友们的呼唤，几分钟后，刚刚还灰暗厚重的云层像是被撬开了一条缝，云缝中开始透出了一线光亮，云层真的开始变薄！天空一点点亮起来，阳光一丝一缕洒下来，太阳出来了，飞机风挡玻璃上的冰块在一点点融化……

吊在嗓子眼儿里的心，终于放下了。

幸福——对，就是幸福的感觉——在刘洋心里充盈着，此时的阳光是她看到过的最美的阳光。

“我们就是劈天的利斧，在每一个阴云密布的日子昂扬出征，勇敢地劈开乌云的藩篱，将禁锢的雨水痛快淋漓地洒向干涸的大地。一次次起飞，一次次凯旋，我们早已忘记了冰刀霜剑的危险，早已忘记了连续作战的疲惫……”

这一年，刘洋在《空军报》刊发的一篇散文《飞翔的生命如此豪迈》中这样写道。她深深热爱着飞行，因为飞行带给了她战胜困难的勇气。

这次的经历也给了刘洋一个重要的启示：坚持再坚持，也许就在快要坚持不下去却仍然咬牙坚持的那一刻，胜利就在眼前。

一次次的挑战，让刘洋成为一名业务精湛、沉着干练的新一代女飞行员。每当飞上蓝天，她都为自己是离天空最近的人而倍感自豪。

第五章

从天空到太空不止一步之遥

只有幸运还不够

2009年，我国启动了第二批航天员的选拔工作，不仅要选拔男航天员，还要选拔首批女航天员。

当飞行员时，刘洋从没有想到自己会与航天员这个职业有交集。“神五”航天员杨利伟首次飞天时，她刚从航校毕业，杨利伟是那时刘洋特别崇拜的偶像。随着“神六”“神七”航天员在世界上的精彩亮相，刘洋对“同门师兄”有了更多的敬意。

那一年，刘洋已是飞行大队副大队长，事业前景堪称大好。但是，面对女航天员选拔这一难得的机遇，她没有丝毫犹豫，第一时间报了名。

虽然，航天员大队首次向女性开启大门，但选拔条件并未放宽。这是因为恶劣的航天环境给男女航天员带来的挑战都是一样的，女航天员同样要具备对环境的适应性和耐受力。从档案选拔、临床选拔、航天特殊环境下的生理功能选拔，从思想政治素质到飞行技能水平、飞行时间再到身体条件的高标准、严要求，从心理测试到综合素质的考核，女航天员的选拔像细密的筛网，那可真是要一层层地筛，一遍遍地挑，为的就是千里挑一、优中选优。

与男航天员的选拔标准相似，女航天员也要具备以下条件：坚定的意志、良好的心理相容性、献身精神，飞行成绩优良，无等级事故，最近三年体检均为甲类。此外，还要求五官端正，语言清晰，无药瘾、酒瘾、烟瘾，不偏食，易入睡等。初选时所做的检查就有一百多个大项目，下设若干个小项目。比如，三代以内直系血亲不得患有严重疾病，连灰指甲、咽炎、鼻炎、药物过敏等小毛病都不行。出于对心理成熟度的考虑，选拔标准还包括“已婚”。载人航天工程办公室副主任杨利伟还建议补充一条：生育过的优先。这是考虑到进入航天员队伍后，女航天员在好几年紧张严格的训练期，都无法生孩子。可事实上，进入最后一轮选拔的六名女航天员候选人中，有五人尚未生育。说起原因，无一例外，都是考虑到飞行事业而推后。因为在飞行员职业生涯中，三十多岁正是飞行技能走向成熟的黄金时期，如果生小孩至少会耽误一段时间，必然会影响飞行事业。为此，杨利伟非常感慨：这看似巧合，却充分体现了女军人的奉献精神。

在严苛的筛选下，首批女航天员选拔进入第四轮定选阶段。在这个阶段，选拔考核小组一方面要到预备航天员所在部队进行走访，了解其工作、生活情况，对入选者进行面试；另一方面还要筛除预备航天员家族病史、遗传病史，还要调查家族病史，她们的家人也都要接受体检。

刘洋在面试时的一个细节，给杨利伟留下了很深的印象。面试有个环节是考英语口语，选拔考核小组先面试的是另一位女飞行员。当面试刘洋的时候，没想到她很坦诚地对考官说："先面试的那个飞行员已经讲了你们要问的一些口语题目，所以请你们出新的题目吧。"那一刻，在场的人都感受到了刘洋的诚实与可爱。在刘洋看来，竞争虽然不可避免，但竞争一定要在公平的基础上进行。

经过严格选拔，刘洋和王亚平同时入选首批女航天员。2010年5月，刘洋、王亚平与另外五位新入选的男航天员一起正式成为我国第二批航天员，走进了中国航天员中心。

“幸运”是刘洋和王亚平使用频率颇高的一个词。是的，回顾她们的成长足迹，她们真的非常幸运：七年才招收一次女飞行员的机会，她们赶上了；2009年，她们又赶上了国家选拔首批女航天员，顺利加入了航天员队伍；两三年后，两人先后飞天，执行了“直上重霄九”的任务。可以说，她们赶上了人生关键的每一步，她们对“幸运”的理解是感恩和珍惜，她们的回馈就是不断努力，做到最好。

刘洋发自内心地感慨：“我真的很幸运，赶上了国家发展的好时代，赶上了载人航天发展的好时代。对这种幸运，我非常珍惜。”

『高三』无边界

当飞行员的时候，刘洋觉得，自己是离天空最近的人。可进入航天员大队后，她才明白，从天空到太空还有太远太远的路要走。

成为一名合格的航天员，要学习的新东西实在是太多了。因为任务需要，几十门涵盖航天各领域的课程要在两年内完成，体能训练和航天特殊环境适应性训练也要如期完成。课程压力如此之大，航天员就算把一天所有的时间都分配给学习和训练，似乎也还是不够用。

说起来，调入中国航天员中心时间也不短了，可两年多来，刘洋没有逛过一次街，没有看过一场电影，几乎连航天城的大门都没有迈出过一步。一次，航天员刘旺的爱人在航天城遇到刘洋，见她穿的衣服还是前几年的旧款式，便关心地说："洋洋，等你哪天没有训练任务，嫂子陪你去当代商城买几身新衣服吧。"刘洋茫然地问："当代商城在哪儿？"她哪里知道，离航天城还算近的当代商城那可是很有名气的大商场。

常穿在刘洋身上的，不是训练服就是运动服，要不就是几年前的旧衣服。不是她不爱美，确实是时间太宝贵了。为了航天事业，她耐得住寂寞和单调。

到了航天员大队，一切重新开始，刘洋将它比作"一个高三学生的起跑线"，这个"高三"不是一年，也不是两年，而是不知要持续多少年。在这个漫长过程中，要保持冲刺、再冲刺，选拔、再选拔的状态，航天员承受的压力非常大。刘洋清楚，能来到在这里的都是优中选优的拔尖人才，自己不能有一丝一毫的懈怠。

除了学习压力外，体能训练和航天特殊环境下适应性训练依然是横在刘洋面前的难题。尽管参加航天员选拔时，她一次性通过了所有的选拔项目，综合素质非常高，但体能依然是她的弱项。对此，刘洋很清醒，有差距就要加压、加练。她常和从小就练体育的航天员同伴说：“你们是从平地上攀登喜马拉雅山，而我是从吐鲁番盆地攀登喜马拉雅山，所以我要更努力。”每天无论课业多么繁重，刘洋都要挤出时间进行长跑和器械训练，以增强体能。

航天特殊环境下适应性训练有一项是转椅训练，要求航天员要在高速转椅上连续旋转十五分钟，期间还要叠加头部运动的刺激，一般人连一分钟都承受不了。当飞行员时，刘洋也进行过转椅训练，但只要坚持够二分钟即可达标。所以，到了航天员大队的第一次转椅训练，刘洋只勉强坚持到了五分钟。五分钟好像就已经是她的极限了，五分钟刚一过，突如其来的恶心、眩晕袭击了她，刘洋瞬间浑身湿透，脸色煞白。但她不能吐，她记得教员提醒过：一旦呕吐，再见转椅时就会出现条件反射，下一次就很难坚持了。虽然有规定，航天员如果在转椅训练中出现任何身体不适，可以按下红色按钮随时中止，但从第一批航天员参加训练开始到现在，还没有人中途叫停过，好强的刘洋更不允许自己这样做。

那天训练回来，刘洋觉得特别难受，什么都干不了，什么也吃不下，但是比身体状态更糟糕的是心情。

躺在床上，刘洋忍不住哭了。

她想：今天才五分钟，自己险些就坚持不住了。明天要做八分钟，后天要做十二分钟，最后一天要做十五分钟，我能坚持下来吗？我是不是真的选错了职业？我是不是真的不适合这里？无数个不再自信的问号盘旋在刘洋的脑海里，令她沮丧至极，而她心中好像也有两种声音在激烈辩论着：

“我确实不适合！我要怎么办？无法改变前庭功能不如人的事实，还能怎样？”

“不，肯定不是这样！既然时代给了我机遇，就一定要懂得珍惜；既然祖国给了我舞台，就一定要懂得热爱！”

当夜幕沉沉时，她豁然开朗，暗下决心：咬牙挺过去，怎么也要把训练坚持下去！她挣扎着起身，到盥洗间洗了把脸，望着憔悴的镜中人，两手轻轻把嘴角往上提，努力做了一个笑脸，连续几次后，她发现自己真的笑了。

第二天，不知是调整了心态，还是因为有了第一天的训练基础，刘洋欣喜地发现，坚持到八分钟时反而没有之前那么让人难以忍受了。这个变化极大地鼓舞了她，她拼命地转移自己的注意力，幻想自己站在美丽的海边，看夕阳、看浪花。幻想中的美景伴她度过了一次又一次难熬的训练，而且眼看着一次比一次顺利，刘洋终于闯过了转椅训练这道难关。

此后，为了提高前庭功能，也为了增加耐受力，刘洋开始在学习之余练习打地转，坚持的时间一点一点在延长，她的感觉也越来越好。如今，刘洋的前庭功能保持在一级。

将优势发挥到极致

人们都说，航天员的训练太严格了。面对无处不在的选拔，随时随地的考核，长期枯燥艰苦的训练，刘洋一直用“尽力而为、问心无愧”来鼓励自己。航天员的工作要求是零失误、零差错，可是人非圣贤，怎么能保证不出错呢？这样苛刻的要求，换了谁，都会觉得“压力山大”。面对成百上千次的重复训练和操作，刘洋不会厌烦，也不敢厌烦。她很清楚：只有让所有的训练、所有的操作都入脑随心，这才可以确保她最终完成时像呼吸一样自然流畅。

一个小故事让刘洋深受启发。

当小闹钟听说自己的工作要一年滴答3.1536千万次时，它感到很害怕，说：“这么大的工作量，我肯定完成不了。”

同伴告诉它：“没那么复杂，你只需要每秒滴答一次就好。”

小闹钟说：“这个很简单，我可以做到。”

刘洋总会用一些生动有趣又有寓意的小故事，用来激励自己，也激励别人。小闹钟的故事就是如此。

刚开始，刘洋在操作时总是不断想着“别出错，别出错”，这样反而容易出错。后来，她只关注要操作的程序，只关心这一分钟该干什么，下一分钟要干什么，而不去考虑这个动作能得几分，那个动作会不会失误。她对自己的唯一要求就是：做最充分的准备，做好每一次动作，拼尽全力考出最好的成绩。

杨利伟曾说过一句话，对刘洋的启发特别大。他说：“你只需要一分一分地细抠，把自己的成绩考到最好，把自己的优势发挥到极致，并尽力弥补自己的缺点，这样就足够了。”

为了达到这个“极致”，为了完成海量练习，刘洋永远让自己保持最佳状态。每天早上洗漱时，她会对着镜子中的自己大喊：“加油！加油！”不要小看这个孩子气的举动，每次喊完之后，她真的会浑身充满力量。

“我不会因为某项训练、某项考试只占零点零零零零几分就不用功。尽自己最大努力做到最好，无论什么结果，我都不会后悔。”刘洋说。

有人问她：“想过付出却不一定能成功吗？”

刘洋说：“我想过，但我更相信，不付出一定不会成功！要是因为没尽力而不能实现梦想，我会遗憾的。”

刘洋觉得，自己最轻松的时候是在考完任务选拔最后一门综合考试之后。那天，她一走出考场，就给爱人张华打了电话。爱人说：“该你付出的努力，你都做到了，下面就耐心等待组织上的挑选吧。”那段时间，刘洋的状态非常放松。每晚，爱人陪她一起进行长跑和器械训练，更为那段时光添上了爱情的甜蜜。2012年3月底，刘洋被定为

"神九"任务乘组人选，莫大的信任、沉甸甸的责任带给她巨大的压力。

经历过飞行生死考验，经历过航天员艰苦的训练，头顶的蓝天依然令刘洋无比向往。刘洋坦陈，无论是飞行员还是航天员，这两个职业都让人越来越爱。

刚到航天员大队时，第一批航天员的话曾深深打动了她。"只要祖国让我去飞，哪怕只有百分之一的希望，我也义无反顾！"可以说，每一名航天员都把出征太空当成人生的最高追求。如今，责任和信任摆在刘洋的面前，她没有理由不去珍惜。

"航天比飞行风险更大，我有这个心理准备，当风险来临的时候，冷静面对，做好最好和最坏的准备。"

面对祖国的呼唤，刘洋的选择从来都是义无反顾。

当时，从被选定为"神九"乘组的主份人选到执行任务只有短短三个月的强化训练时间，这意味着学习训练更为紧张。时间金贵到什么程度呢，恨不得将一天当作几天来用。刘洋说："我把训练的时间延长、延长、再延长，休息的时间压缩、压缩、再压缩。”

自然，这就是那个时期刘洋训练生活的真实写照。

『不要拿性别当借口！』

从当上飞行员的第一天起，教员就提醒女飞行员："你们不要拿性别当借口，要和男飞行员一样去飞。"所以，无论是当飞行员还是当航天员，在训练中刘洋总是淡化性别意识，不愿得到额外照顾。

"神九"飞天前，她下定决心：要把安全掌握在自己手中，不去依靠别人。要达到这样的效果，刘洋就必须把飞船的状况、可能出现的特情、科学实验的操作步骤、飞行中的日常生活料理等，都要记得烂熟于心。

"神九"乘组另外两位航天员景海鹏和刘旺，刘洋亲切地称呼他们为师兄。景海鹏和刘旺是我国第一批航天员，两人都已经有了十四年航天员工作、学习和训练的经历。无论从学识上还是从经验上来说，他们都是刘洋学习的榜样。

训练时，教员会在航天员不知情的情况下，投放一些突发或故障情况，考验航天员的应急处置能力。有一次，乘组正在进行模拟交会对接，此时仪表盘上显示数据异常，作为承担手控交会对接辅助工作的刘洋看到后，马上判断是设备故障，并果断提示正在做对接准备的两位战友："减速，停止前进，撤离。"

指令长景海鹏向她竖起大拇指，表扬她判断正确、处置果断。

一年基础课程训练结束后，从2011年6月开始，刘洋转入适应"神九"任务需要的航天专业技术和任务训练阶段。（正常情况下，一名航天员完整的学习时间是三到四年，而此次为了顺应任务要求，基础课程的训练时间大大缩短。但是，内容和标准却丝毫没有减少和降低。）这一阶段要针对交会对接技术、目标飞行器与组合体飞行管理、空间科学实验及飞行程序进行训练，关于飞船操作的8本飞行手册就有厚厚一摞，刘洋要把其中的每一个细节都理解透彻。

作为训练时间仅为两年多的航天员，不怕自己判断失误吗？面对疑问，刘洋没有犹疑却步，在训练中她抛却杂念，会在第一时间说出自己的判断，供大家讨论分析。这并非盲目自信，而是刘洋经过刻苦的学习和成百上千次的训练“磨”出来的。

“神九”乘组的特点是“以老带新，男女配合”，大家必须做到“1+1+1远大于3”。刚开始，景海鹏和刘旺两位师兄为了让刘洋尽快地适应情况、熟悉任务，经常会在她毫无准备的情况下提问，让她说一下某个工作原理，或者背一下某个工作程序。哪怕在课余时间见了刘洋，他们也会抛出一堆问题考刘洋。比如，正常的环境参数是多少，某个阀门在哪里，某个开关怎么用等。他们叮嘱刘洋：在地面多掌握一门技能，多掌握一点知识，会为将来执行任务多增加一点安全系数。

刘洋通过自己的努力，让两位师兄向她竖起了大拇指。他们对刘洋说："你就是战斗员，完全不需要被照顾。"

支撑她做到这一切的力量何在？刘洋常常用一个故事激励自己：

在一个偏僻遥远的山谷，高高的断崖边上长出了一株小小的百合。幼小的百合仿佛杂草的模样，只有它知道自己不是一株野草。它只有一个念头，开出美丽的花朵。

于是，百合努力地吸收水分和阳光，深深地扎根，直直地挺着胸膛。终于在一个春天的清晨，百合的顶部结出了第一个花苞。

百合很高兴，杂草却很不屑，它们嘲笑着百合："即使你真的会开花，在这荒郊野外，你的价值还不是跟我们一样！"

飞过的蜂蝶鸟雀也会劝百合不用那么努力开花，因为在断崖边上纵然开出世界上最美的花，也不会有人来欣赏。

百合没有理会闲言碎语，努力地释放内心的能量。

有一天，它终于开花了，并成为断崖上最美丽的风景。

年年春天，百合都努力地吸收水分和阳光，开花，结籽。它的种子随着风，落在山谷、草原和悬崖边上，洁白的百合开满山野，此地成为百合谷。

所有的百合都记得第一株百合的教导：“我们要全心全意默默地开花，以花来证明自己的存在。”

这是一位女飞行员前辈讲给自己女儿听的故事。后来，她把这个故事讲给了女飞行员们听。每次听，刘洋都会为之感动，不仅因为故事本身，还因为讲故事的那个人。那名女飞行员花了两个十年一步步完成自己的梦想，后来又战胜病魔重返蓝天，她是响当当的空军英模。

优秀一定离不开坚定执着的信念，刘洋很多次都在内心回味这个道理。

太空新兵的考验

作为中国第一位执行航天任务的女航天员，刘洋面临的压力不言而喻。“神九”任务是中国航天员首次驻留天宫一号，要主动参与和开展大量的科学实验和试验技术验证，还将首次创下在太空工作生活十三天的纪录。女航天员上去能否顺利完成所担负的任务？身体状况能不能经受太空环境的考验？她是否真的具备执行航天任务的能力？她会有怎么样的表现？乘组合作怎么样？……任务中，刘洋主要负责航天医学实验和空间试验管理，内容达几十项。对于一位进入航天员大队刚满两年的“新兵”，这的确是一次严峻的考验。种种疑问和顾虑围绕着刘洋，她能感受到，包括领导、科研人员、医监医保医生等尽管无言却内涵复杂的目光。

毕竟，我国女航天员的选拔和训练没有成熟经验可以借鉴，整个选拔训练体系是否科学，东方人和西方人的差异究竟如何，在没有验证之前，谁心里也没有底。

当飞行员时，她用流血流汗不流泪的顽强拼搏精神和沉稳精湛的飞行技能经历过生死考验，赢得领导和战友的赞扬和认可。面对新的压力，刘洋想：大家选择我，是对我的信任，我一定不能辜负，要全力以赴。只有圆满完成任务，才能充分展示中国女航天员选拔训练的成果，才能让大家放心！

作为航天员，有一条是必须具备的：超强的心理素质，胆大心细，遇事不慌，善于控制情绪。最新研究认为，女航天员在心理素质上具有独特优势，对失重等航天环境的适应能力更持久，耐寂寞能力更强，心理素质相对稳定，而且在某些方面更敏锐、更细腻、更周全。1963年6月16日，世界首位女航天员捷列什科娃乘东方六号宇宙飞船升空。2003年神舟五号刷新中国载人航天的历史后，捷列什科娃曾评价说：“我知道中国有‘妇女能顶半边天’的说法。我充分相信在不久的将来，太空将迎来美丽的中国姑娘。”2012年6月16日，在这个吉祥如意的日子里，中国首位飞天女航天员刘洋果真来到了浩瀚无际的太空。

从太空回来后，有人问刘洋：“发射时，你感觉难受吗？”刘洋回答：“很轻松，因为平时训练我们已达到6~8个G，比发射时的负荷大得多。”6~8个G的过载，相当于承受6~8倍于自身体重的压力。刘洋用自己的亲身经历证明，中国女航天员两年的选拔训练是科学有效的。

第六章 飞天嫦娥

了不起的太空女飞人

自20世纪60年代诞生之日起，航天员一直是个尖端的小众职业，而女航天员更显神秘。从第一位航天员尤里·加加林算起，目前全世界共选拔了900余名航天员，其中女航天员90名；中国有航天员21名，其中女航天员2名。可以说，女性已经在太空探索领域占据一席之地。

那么，女航天员到底是怎样一个群体?

我翻阅了大量资料后，得出这样一个结论：她们是心怀梦想、品格坚韧的优秀航天员群体。我们不妨简单了解一下：

1963年6月16日，苏联人瓦莲京娜·弗拉基米罗夫娜·捷列什科娃乘东方六号载人飞船上天，成为世界上首位女航天员，永载航天史册。捷列什科娃是跳伞运动员出身。她在回到地球5个月后，与一名男航天员结婚，第二年生下一个健康的女孩。她获得过联合国和平金奖、列宁勋章等，月球背面的一座环形山还以她的名字命名。捷列什科娃曾在自己70岁生日时表示，依然渴望飞往火星。

1984年7月25日，苏联人斯韦特兰娜·萨维茨卡娅离开礼炮七号空间站进行太空行走，成为第一位在太空行走的女航天员。她是苏联运动健将和航天员，同时也是世界上第二位女航天员。萨维茨卡娅返回地球一年半后喜得贵子。

美国首位女航天员是萨利·赖德，她于1983年6月18日乘“挑战者”号进入太空。当时，她是美国最年轻的航天员，也是世界上第三位进入太空的女航天员。此外，美国人梅·杰米森于1992年9月搭乘“奋进”号航天飞机进入太空，成为世界历史上第一位黑人女航天员。

1999年，美国女航天员艾琳·玛丽·柯林斯第三次进入太空，驾驶“哥伦比亚”号航天飞机完成飞行，成为人类历史上第一位航天飞机女机长。为了太空飞行，她上天之前不得不狠心隐瞒仅三岁大的孩子。她驾驶过30多种不同的飞机，累计飞行时间达到6280小时，其中有537小时是在太空度过的。

2008年4月8日，韩国人李素妍搭乘俄罗斯“联盟”号载人飞船前往国际空间站，成为历史上首位进入太空的韩国籍女航天员。她经过严格选拔，从韩国3万多名志愿者中被挑选出来，并在韩国和俄罗斯接受各种训练。李素妍进入太空时随身带着韩国泡菜。她曾表示，小时候的愿望不是当航天员，而是当韩国总统。然而，李素妍的归途不算顺利，在4月19日与一名美国航天员和一名俄罗斯航天员一同返航时，飞船着陆时偏离预定地点大约420公里，她在着陆时遭受冲击，受了伤。

日本首位女航天员是向井千秋，她曾于1994年和1998年分别搭乘“哥伦比亚”号和“发现”号航天飞机前往太空。

加拿大首位女航天员是罗伯塔·邦达尔。她于1992年1月乘美国宇航局的“发现”号航天飞机前往太空，是第一位前往太空的神经科专家。她8岁时就梦想成为一名航天员。

1992年9月12日，美国航天员简·戴维斯和丈夫马克·李一同乘“奋进”号升空，两人在太空站待了八天，成为第一对同赴太空执行任务的夫妻。而美国的航天员香农·露西德前后五次进行太空飞行，累计在太空飞行223天2小时50分钟。她于1996年3月22日，乘坐“亚特兰蒂斯STS76”号宇宙飞船抵达“和平”号空间站，同年9月26日返回地面。她在空间站待了188天，成为在太空待得最长的女航天员。这位在上海出生的女航天员在谈到太空生活对女性生理的影响时说：“除了因为没有穿鞋，脚上的老茧消失了以外，我没有发现我的身体状况有明显变化。”作为三个孩子的母亲，她认为，留在空间站上最大的遗憾是错过了两个孩子的生日。最后一次返回地面后，当时的美国总统克林顿在白宫召见了她，并授予她美国国会太空荣誉奖章。这一纪录于2007年被打破，美国女航天员苏尼塔·威廉斯在执行第15次国际空间站任务时，共在空间站生活和工作195天，创下了女航天员单次太空飞行时间最长新纪录。而她还创下了女航天员在太空中行走时间最长的纪录——22小时27分钟。

女航天员、工程师叶莲娜·谢罗波娃于2014年9月25日乘坐联盟飞船飞往国际空间站，成为第41批国际空间站的任务人员，成为苏联以及俄罗斯历史上第四名进行太空行走的女航天员，也是首次进驻国际空间站的俄罗斯女性。上一次是在1997年，宇航员叶连娜·孔达科娃飞赴俄罗斯“和平”号空间站。

这里尤其要讲一位女航天员的故事，或许她的人生经历能给我们一些启发。

1994年，印度裔美国航天员卡尔帕纳·查乌拉被美国国家航空航天局（NASA）选中，参加为期一年的太空严格训练，身份是航天飞机太空任务专家。

卡尔帕纳·查乌拉出生于印度北部哈里亚纳邦一个名叫卡纳尔的小镇的普通家庭里。1978年，当17岁的查乌拉考入旁遮普工学院航天工程专业时，她创下了一项纪录——全专业唯一的女生。1980年，查乌拉在美国得克萨斯州攻下了航天工程专业硕士学位，随后又取得了同一专业的博士学位。

1997年，查乌拉首度乘航天飞机进入太空，在太空中待了376小时，并且进行了世人瞩目的太空行走。

2002年，当查乌拉得知自己在4000名竞争航天员的工程师中脱颖而出，将第二次飞向太空时，她欣喜不已，情不自禁地给印度母校写信，希望得到一本母校纪念册，让她带上太空。她为自己的学校自豪。

“只要你有眼光去发现，只要你有勇气去实践，只要你有恒心去坚持，你一定会把美好的梦想变成成功的现实！”这是2003年她在“哥伦比亚”号航天飞机上发给她的母校印度旁遮普工学院的全体师生热情洋溢的话语。然而，随着执行任务归来的“哥伦比亚”号航天飞机爆炸，这位勇敢的矢志摘星揽月的女航天员壮心未酬，永远留在了浩瀚的宇宙中。

难忘的十三天

2012年6月16日下午，酒泉卫星发射中心问天阁前，随着《歌唱祖国》的嘹亮歌声响起，刘洋和她的两位师兄景海鹏、刘旺，身着乳白色的航天服，一边向周围欢送的人们挥手致意，一边登上出征的车辆。刘洋的步伐坚定沉稳，脸上洋溢着阳光而自信的笑容。

18时37分，随着指挥员一声“点火”的口令，长征二号F运载火箭托举着神舟九号飞船在震天的轰鸣声中腾空而起，飞向苍穹。景海鹏、刘旺和刘洋三名航天员开始了他们为期十三天的太空任务。十三天的太空生活如浓缩的人生，令刘洋百感交集，收获颇丰。

入轨初期，由于操作动作多，刘洋出现了短暂的不适，空间定位不准确。她没有惊慌，因为之前听飞上过天的航天员讲，可能会有这种情况发生，因此她有充分的心理准备。刘洋努力让自己平静下来，仔细回想在模拟器训练时的方向，以它作为基准不断调整，终于跨过了太空给自己设下的第一道障碍。第一次飞入天宫一号时，由于之前没有进行过失重飞机训练，刘洋对失重环境没有切身感受，身体姿态的掌控欠佳，像莽撞的鸟儿一连撞了好几回，第一个太空跟斗也没有翻成功。然而，善于总结的她很快就掌握了要领，以优美的姿态自由地在舱中穿梭。

十三天里，三名航天员的大部分工作是科学实验，时间安排异常紧凑，有很多技术都需要得到空间验证，以利于后续航天任务的执行和改进，所以“神九”乘组尽量抓住难得的宝贵机会，加班加点地工作。实验中有个风速测量项目，有44个测量点，每个点都要测量三次。地面的工作人员知道这个实验工作量大，就将它做了分级处理。按照设计，航天员只需做一个级别，即可满足要求，但当班的刘洋全都做了。这意味着，仅这项实验就多了三分之二的工作量。

指令长景海鹏为此夸奖刘洋："你很认真，很负责！"

尽管工作繁忙，但乐观的刘洋善于从工作中发现乐趣。有一个细胞实验，要求进入到目标飞行器——天宫一号马上开展。而这个实验在地面模拟时，由于容器很高，刘洋需要踮起脚尖，一手高举盖子，一手操作，很费力气。到了太空，由于失重效应，安装细胞模片时，她很轻松就可以攀上天花板，好像飞檐走壁的大侠，再也不用踮脚尖啦。容器盖打开后就自然立着，刘洋不用一直举着它。兴奋的她颇受鼓舞，手感发挥很好，很顺利地调好了细胞模片，清晰度是在地面模拟时难得见到的。

刘洋在太空打太极的影像传回地面后，所有人都感到很振奋。这是刘洋的自选动作。没有了重力的牵引，在刘洋的演绎下，太极拳行云流水般顺畅柔和。

除了打太极，刘洋在天上还练了好几种"独门绝技"，一指禅、倒立等她都做得很轻松。刘洋还抓住一切机会去主动体验、验证人在太空中能完成什么动作，能保持什么样的状态。这本身也是实验的一部分。

“神九”回来以后，航天员中心的李莹辉副总设计师兴奋地告诉三位航天员：“实验很成功，有的结果比在地面模拟还要完美。”为了表达对航天员的谢意，科研人员为每位航天员献上一大捧美丽的鲜花。此时的刘洋特别自豪，她通过自己的努力证明了在太空中中国女性可以胜任工作。

刘洋不仅圆满完成自身承担的任务，还在日常工作中主动检查仪器设备的工作状态，查看各种参数，做到心中有数。生活料理是太空生活很重要的一部分。在工作之余，刘洋还为乘组的生活料理多做分担。性格活泼的她，为两位师兄带来了许多快乐。手控交会对接前，刘洋在飞行手册上为刘旺写下了“师兄，你是好样的！”这句暖心的话，并向师兄竖起了大拇指。刘洋的周到细致，赢得了两位师兄的称赞。

在刘洋眼中，太空中发生的一切都饶有兴味。她尽情感受着失重带来的奇妙感觉：

地面上许多“沉睡”的物件，上天后都一个个“苏醒”过来，所有的东西都在飞。航天服上的束缚带伸着懒腰，摇摇摆摆地站立起来；装在口袋里的物品，玩“捉迷藏”似的，把它们按下去，安静一下后，它们又急切而调皮地往外钻，悄无声息地四处飞。

这无形中加大了航天员的工作量，同样的动作需要重复很多次，每一步操作都要保证物品安安稳稳，摆放妥当。然而，刘洋却在这些“制造的麻烦”中体会着快乐。出征前，她有一个愿望，就是希望自己多看看太空的景色，多记录一些太空生活的感受。如今，她的愿望终于实现了。

人们总是说天上仙境，在刘洋眼中，地球比仙境还美！从300多公里外的太空俯瞰地球，蔚蓝色的海洋和湖泊、河流一道，在阳光的照耀下，形成深深浅浅的蓝。地球的边缘仿佛笼罩着一层亮白的光晕，每次飞船从阴影区到阳照区，可以看见地球黑色的边缘会慢慢变亮，一点点染成金色，然后又从金色渐变为明亮的白色。白色的浮云浓淡相宜，淡时，如仙女披上轻纱，朦朦胧胧的；浓时，如投向地面无数个影子，层层叠叠的。透过云层看地球，褐色的陆地，绵长的海岸线，一切都像是有生命似的。从太空俯瞰我们赖以生存的家园，想着自己就住在那里，就会对我们的地球充满感情、充满依恋，强烈感受到一切都是那么美好！

太空就是如此神妙，它让一些东西变得很大很大，比如祖国；也让一些东西变得很小很小，比如名利。

刘洋说："在遥远的太空，有许多感情会变得异常清晰。远离了地球，才更加珍惜家园的可贵；远离了祖国，才更能体会到祖国的重要；远离了亲人，才更能理解亲人的那份牵挂。"

最大的幸福

很多人对刘洋的评价是阳光、自信，而她更愿意用温暖来评价自己。爱人张华曾给她讲过的一个小故事，刘洋一直都记得：

北风和太阳打赌，看谁能让农夫把身上的棉袄脱掉。

北风说，这有什么难的。于是，北风呼啸，风卷起鹅毛大雪，纷纷扬扬飘落大地，只见农夫把棉袄裹得更紧了。

此时，太阳出来了，温暖的阳光普照大地，个一会儿，农夫的额头冒出细密的汗珠，他微笑着把身上的棉袄脱去……

温暖的力量是巨大的。刚当上飞行员时，教员对刘洋说："在天上飞行，千万不要忘记地勤人员的付出，他们是托举我们飞翔的隐形的翅膀。"如今，刘洋对这句话的理解更深："天梯漫漫，每一节都凝结着无数航天人的付出……"

凡是接触过刘洋的工作人员，他们眼中的刘洋亲切随和、谦虚有礼，微笑时刻洋溢在她的脸上。和刘洋一起训练的航天员同伴说，任务前搞组合体模拟飞行，早上七点半进舱，晚上十一点出来，吃饭、做实验、休息都在模拟舱内进行。"按照程序应该刘洋先就餐，但她非得让我们先吃。训练间隙短暂休息，她一定会把水杯端到我们面前。"在航天员系统副总设计师黄伟芬眼中，刘洋在训练场上勤奋、认真，关注每一个细节、每一个动作，善于同教员沟通，善于和同伴交流。

刘洋不能忘记，定选后战友们为她祝贺，更不忘嘱咐她："抛却顾虑和压力，心无旁骛往前走。"刘洋不会忘记，任务前由于乘组封闭训练，工作很忙，不容易和战友们碰面，战友们就发短信，给她讲一些好玩的趣事，为她解压。前往酒泉发射中心前，战友在短信中说：“知道你们去了酒泉不能带手机，特别嘱咐一句话：一定要沉着、冷静、胆大、心细。”刘洋更不能忘记，从太空回来后战友相见更像久别重逢，关切的目光，饱含的泪水，他们多想送上一个结实的拥抱给三位航天员啊，却因隔离规定只能紧紧地握一下手。打开手机，刘洋收到的第一条短信就来自战友：“欢迎回家！”其他航天员的妻子心疼地拉着刘洋的胳膊，问她瘦了多少；隔离期间，战友们多次去探望，因为他们关心刘洋的身体……

太空十三天里，刘洋也时时体会着这样的温暖。当刘洋和两位师兄在天宫忙碌时，她没有想到，他们在太空的一点点变化都会牵动着地面工作人员的心。一次与地面视频通话时，一位专家关切地问刘洋：“你昨天是不是不舒服？工作量是不是太大？”刘洋有些奇怪，因为自己并没有什么不舒服的感觉啊。专家又问：“为什么你看起来这么严肃，你一严肃，大家就感到很担心。”还有一次，刘洋的眼睛看起来有些红，被航天员中心主任通过下传的图像注意到了，主任专门让地面支持人员仔细向刘洋询问。

领导、专家、工作人员、战友的关切，令“神九”乘组感动不已。刘洋饱蘸深情在天宫写下：“工作人员辛苦了！晚安！”她在回复地面的短信中说：“我们一起在飞翔。我们和所有航天人一起飞！”她想用这样的方式，向在地面二十四小时值守、不眠不休的工作人员表达心中的谢意和敬意。

除了天宫中温馨的装饰，航天员心理支持包也为刘洋带来意外的惊喜。她曾在太空展示的“小熊猫”，就是其中的惊喜之一。刘洋把“小熊猫”绑在睡觉的地方，伴着它飘来飘去的可爱模样，她踏实地进入了梦乡。心理支持包里还装有相册，那上面有她朝思暮想的战友和同事，每天一有空，刘洋就会翻出来看啊看啊。

利用休息时间，她用包里的一卷红丝绳编了几个吉祥如意的中国结，刘洋想将所有美好的祝福都送给伟大的祖国，送给她为之奋斗的航天事业，送给关心和支持他们的全国人民！她祝祖国繁荣富强，人民生活幸福快乐，祝祖国的载人航天事业大踏步前进，每一次任务都顺利圆满地完成。那一刻，她是那么虔诚，丝丝缕缕中编入了她最美好的心愿。她将其中一只中国结留在了天宫，并在卡片上写下她对下一个任务乘组的心里话：“祝任务圆满成功，祝你们太空工作生活顺利！”

执行任务归来，刘洋将十三天太空生活的体会和经验细细地和战友做了分享。此时的经验会为以后执行飞天任务的战友提供帮助。或许有了自己的提醒，有些问题就会避免，也会让战友未来的太空生活更加轻松，任务完成得更加顺畅。此时，刘洋终于体会到，当初执行过飞天任务的航天员之所以反复叮嘱她在太空注意事项的良苦用心。

『我为祖国感到骄傲！』

过去，刘洋不太敢掉眼泪，怕被人说航天员不坚强。

然而，执行“神九”任务时，刘洋多次热泪盈眶。

当首次手控交会对接任务成功的那一刻，刘洋的眼泪在眼圈里转啊转，她拼命忍啊忍，特别激动地将自己的手和师兄们的手紧紧握在一起。那天，刘洋在手册上写下：“我真为祖国骄傲自豪！”她还画上了光芒万丈的太阳来表达她激动的心情。

当重返祖国大地时，那种巨大的幸福感是常人无法体会的！开伞的那一瞬间，刘洋知道，乘组安全了。此时，舱体在快速旋转、翻滚、摇摆，外加强大的过载压力，巨大的压迫仿佛要把航天员甩出去。刘洋死死抱着开关指令板，抬胳膊、动手指都变得异常艰难。当她将指令发出，报告航天员状态良好时，地面上所有的人终于松了口气。

这里还有个有趣的插曲。当飞船返回地面，所有人都急切地想知道中国首位飞天女航天员的身体状况。也许，是大家的心情太急切了，觉得等待的时间无比漫长。当刘洋出舱时，她绯红的面颊让很多人以为，爱美的刘洋是化妆后才出舱的。其实，刘洋的心情比大家更为急切，她想让所有关心和支持她的人放心，她的状态非常好，中国女性有能力执行航天任务。然而，飞船落地后的侧立位把刘洋留在最里侧，在狭小的空间里，连伸个胳膊都困难。出舱前，医生还要确认每一位航天员的身体状况，并给他们稍微补充一下水分。做好一切检查和准备后，刘旺、景海鹏、刘洋依次出舱。那天天气炎热，厚厚的航天服将她烘烤得像是刚从水中捞起来的一样，刘洋面颊绯红也就不足为奇了。

当飞船返回祖国的怀抱时，刘洋的泪水情不自禁地落下。出舱前，她又一次擦干了眼泪，面对大家绽露出笑容。

刘洋微笑着说："天宫就是我们在太空的家，很舒适，我们在太空生活得很愉快，我为祖国感到骄傲和自豪！"此时此刻，她真正理解了诗人艾青那句著名的诗句："为什么我的眼里常含着泪水？因为我对这土地爱得深沉……"

刘洋在《心之所系，愿做胡杨》中说道："中国航天事业的起步充满了艰险挫折重重困难，并不是所有的付出都能收获甜蜜和幸福，不是所有的荣光都是欢歌一路。"

发射塔架前，她看到的是航天人"面对生死时的勇敢，面对得失时的坦然"。面对东风烈士陵园六百多名拓荒天宇的英灵墓碑，刘洋感叹：

"所有人只有一次生命，所有生命也只能拥有一次青春，可他们却毅然燃烧了短暂的青春，用死亡的锋利穿透天空的阴霾，在这八百里瀚海戈壁，把一枚枚导弹、一发发火箭、一颗颗卫星、一艘艘飞船相继送上太空，用生命之光染绿了黄沙，照亮了中华民族探索星空的漫漫征程。"

她深深体会着“航天人”这三个字沉甸甸的分量，愿意“为了国家的尊严，为了民族的希望，为了航天事业的辉煌，像胡杨一样，用一千年的生命搏一千年的坚强，做一千年的守望，忠诚扎根于航天事业，奉献青春乃至生命，无怨无悔”。

身边的人给了刘洋很多的感动。航天员师兄们奋斗十几年只为一个信念：执行飞天任务，不停地努力，不停地奋斗，不懈地坚持……还有身边的教员和医生，有着一切为了航天员而忘我工作的精神境界……还有所有那些托举着航天员飞向太空的普通航天人……

所有这一切，都是刘洋勇敢的源泉。

能被祖国需要，能被大家信任，能把个人的价值融入祖国的荣誉，是刘洋最大的幸福。

第七章 家是事业的推进剂

不是一个人在奋斗

家是温暖的港湾，拂去疲惫，温暖怀抱；家是撑起一片绿荫的大树，遮风挡雨，休憩养心；家是永远的牵挂，珍藏幸福，呵护亲情；家更是刘洋事业进步的推进剂，让她心无旁骛，勇敢去飞。

自从当上了航天员，繁忙的学习和训练让刘洋无法为父母做更多事情，一周两次的电话也是匆匆忙忙的。涉及工作的事情，只要刘洋不说，父母就不问。乘组定选考试那阵儿，刘洋给家里的电话不自觉少了，短了。当最后一门考试刚结束，她就收到妈妈的短信：“不管怎样，爸爸妈妈永远爱你！”刘洋心里甜甜的，却也有些奇怪：自己没有和父母说过要定选考核这件事啊。父母都是内敛的人，很少直接对女儿表达感情，今天怎么会这样说？再一想，她心里一热。人都说“母女连心”，自己一点一滴的变化都藏在父母心里，他们永远是自己最坚实的后盾。

刘洋从太空归来后，母亲和婆婆都瘦了10斤，那全是老人牵挂的一片心。

“家庭对一个人的支撑力量非常重要，这点我感触最深。如果没有爱人的支持，我不可能成为首飞女航天员。爱人既是我的亲人，也是我最坚强的后盾，还是我的良师和益友！”飞天归来后，刘洋不止一次提到家庭，提到爱人，每一次都充满深情和感激。

伴侣加助手

从2001年底刘洋和张华相识恋爱，到2003年金秋两人走进婚姻的殿堂，如今两人已经携手走过十三年幸福的家庭生活。曾经，一位是驻训地音色甜美、感情饱满的兼职广播员，一位是机关干部，在驻训地兼职负责稿件采写的撰稿人，两个人配合默契，成为众人眼中的完美搭档，从那里开始了他们的恋爱旅程。而今，刘洋和张华更是一对相濡以沫、携手并进的模范夫妻。

在刘洋眼里，张华是为自己付出最多，最无微不至关心自己的好丈夫。张华高大帅气，曾与她一起在空军部队服役。刘洋当飞行员时，张华的工作是保障飞行；现在刘洋成了航天员，张华的工作又变成了保障航天。他把支持妻子的事业当成自己的事业。在刘洋刚刚成为航天员时，他曾说过：“我要做她生活上的好伴侣，工作上的好助手，我们要一起比翼双飞。”

刘洋刚到航天员大队时，体能储备不是最好的。为了帮妻子提高体能，每天晚饭后八点，张华准时来航天员大队驻地陪伴刘洋加训，训练完刘洋再回公寓学习。跑步、打地转、练习腿部力量、仰卧起坐……每一项训练，张华付出的汗水和心血与刘洋的一样多。几年来，航天员公寓旁那个高高耸立的逃逸训练塔，成了夫妻同心同力最好的见证。不管是寒冬酷暑、刮风下雨，他们都风雨无阻，从不间断。冰天雪地的日子，操场上被厚厚白雪覆盖的地面上留下了夫妻俩一圈一圈的脚印；夏日的跑道上，凝结着他们辛勤的汗水。每次专业考核前，张华都是刘洋的第一个考官，她背他听，他问她答。后来，张华不用对着书本，就知道妻子的回答是对是错。他常打趣，自己也成了半个专业人士。两个人的心也在刘洋一点一滴的进步中越贴越紧。

作为一名女航天员，面对日复一日的训练、苛刻残酷的考核、近乎乏味的生活，其艰苦程度和承受的压力可想而知。张华没少费心思，想尽各种办法帮助妻子缓解压力。他陪着刘洋在操场上对着天空大声呼喊来释放心理压力。碰上刘洋心情不好，张华会及时给她鼓励，就像知心大哥一样开导她、安慰她，让她卸掉包袱轻装前行。

每次都等到笑容重新绽露在妻子脸上，张华才会放下心来。

爱的拥抱

无论当飞行员还是航天员，职业注定刘洋没有固定的休息时间，不能像别的妻子那样有更多时间来照顾家庭。所以，张华就成了为家庭付出最多的人。

张华本身工作很忙，在单位干得也非常出色，但他为了让刘洋全心全意投入飞行，一个人承担了所有家事。从武汉搬家至北京，都是张华一手操办和布置。繁忙的训练和学习，有时刘洋连给父母打电话的时间都没有，张华会记得按时为她尽责。居家过日子，谁家里都难免会碰上烦心事，但张华从来不告诉刘洋，怕她分心。这些年，母亲住医院，父亲动手术，起初刘洋都不知道，家里人都瞒着她。张华天天打电话向刘洋家里了解情况，因为不放心，就借刘洋住在公寓平时不回家，张华“骗”妻子说自己出差，又专程赶回去看望了两位老人。

在“神九”任务期间，张华几乎二十四小时守在飞控大厅，伴着妻子飞翔。别人倒AB班，他除了吃饭和刘洋休息的时间，一直守在飞控大厅。见到景海鹏和刘旺的妻子，张华会主动上前安慰：“嫂子，没问题，状态都非常棒!”其实，他是在给自己打气，他相信“神九”乘组一定能圆满完成任务并平安归来。

在飞控大厅的十三天，张华不仅看到妻子的坚强和勇敢，更感受到地面工作人员的辛苦和付出。有一次，在天地通话时，张华告诉刘洋：“你不知道，地面上有多少人在关注你们！飞控大厅的工作人员二十四小时在保障着你们，他们很不容易，非常令人感动！”从那天开始，每天晚上休息前，刘洋都会在工作手册写下“工作人员辛苦了！晚安！”，早上一起床，又写上“早上好！”；然后，她把手册举到摄像头前，向地面工作人员展示。通过这一举动，深深表达了她和乘组的两位师兄对地面工作人员的感谢之情。刘洋的这番举动，也让地面工作人员非常感动，他们向刘洋和乘组人员由衷地说："谢谢你们！"

当"神九"遨游归来，三名航天员从内蒙古四子王旗飞抵北京西郊机场时，刘洋和张华四目深情相对。面对领导，面对欢迎的人群，两人开始还有几分拘谨，但内心涌动的深情却不可阻挡。当听到人群中有人喊出"抱一个！抱一个"时，张华终于给了爱人一个扎扎实实的拥抱。这个坚强的汉子望着妻子，不禁红了眼圈。在爱人温暖的怀抱中，刘洋也热泪滚滚。

一个与爱人心心相印的人，总是会全心全意为家庭着想，设身处地为爱人着想。对待公婆，刘洋比张华做得更早，想得更细。天冷了，刘洋就惦记给婆婆买衣服寄过去，又早早把公公的锻炼器材准备到位。有什么好东西，刘洋也惦记着丈夫，惦记着公公婆婆。她很感谢公公婆婆养育了这么优秀的儿子，给自己当了人生伴侣。

有了夫妻二人的共同努力，他们家总是很温馨，日子过得也红火。

做好每一个角色

“神九”飞天回来后，刘洋常常被邀请去全国很多地方做报告，有好多是大学、中学还有小学。刘洋非常珍惜和孩子们在一起的机会。在她的公寓里，第一眼看到的就是全国各地孩子们写来的祝福卡片。刘洋还收藏着孩子们亲手制作的各种小礼物呢。

在生活中，刘洋也是个爱孩子的人，聊起孩子时，她满脸都是幸福的光彩。飞天后，刘洋生活上一个最大的变化，就是她当上了母亲。

怀孕六七个月时，刘洋照样坚持和航天员一起上课。生孩子前，男航天员和刘洋开玩笑说，生孩子的时候可不要给航天员丢人。刘洋很认真地遵守承诺，从住院到生产，无论多疼多难受，她都一声不吭。

做了母亲的刘洋，脸上的笑容从心底漾出，整个人都甜丝丝的。其实，和每一位新妈妈一样，她也经历过手忙脚乱的日子，但她从来都是以最好的状态去应对新的问题。刘洋总是说，用心做事和用手做事是两种境界和状态。用心去做一件事的时候，就会取得很高的效率，很好的成果。有了孩子之后，一晚上睡不踏实，半夜起来要喂孩子好几次奶，刘洋感觉很疲劳。婆婆心疼她，抢着把孩子抱过去带，想让媳妇多睡一会儿。刘洋呢，也心疼婆婆，总是尽量多干一些。她还把工作和家事分得很开，从不因为家事分心。哪怕前一天晚上没休息好，第二天她照旧神采奕奕。

刘洋笑言：自己每天都像打了鸡血一样精力充沛。别人羡慕地问她秘诀是什么。她说，除了锻炼，和心劲也有关，每天都用积极的心态去做事，不抱怨，不推诿。

曾有人问刘洋，如何平衡好家庭和事业的关系。刘洋说："作为女性，我非常反对为了家庭牺牲事业；作为女航天员，我也非常反对为了事业牺牲家庭。事业和家庭就像鸟儿的两只翅膀，缺一不可。”

多了一重母亲的角色，要想一如既往地保持原来的状态，对刘洋来说，是个很大的挑战。孩子尚小时，她常常会面临工作和家庭的两难处境，但她克服了一切困难。在刘洋看来，困难都是暂时的，做个好母亲和做个好航天员不应该对立。无论何时，家庭和工作都是她飞翔时坚强有力的翅膀。

刘洋在用心、用真情去融入生命中每一个角色。在爱人张华眼里，无论刘洋的身份如何改变，她都是多年前最初相识的样子——真诚朴实，从未改变。回到家里，刘洋是个好妻子、好母亲、好女儿、好媳妇。有时间，刘洋也喜欢像其他女主人一样收拾房间，给丈夫做一顿好吃的。刘洋会做的饭菜不少。她会做可乐鸡翅，会做寿司，还会做石锅拌饭……而且，只要刘洋做了，不管饭菜的味道如何，张华总会说“喜欢”“好吃”，夫妻俩甜甜蜜蜜、其乐融融。刘洋还喜欢收拾屋子。家里的每一盏灯都是她和爱人精心挑选的，有优雅的美人鱼灯，有浪漫的枫叶灯，还有古典的羊皮纸灯……在那些充满爱和温暖的灯光的映照下，刘洋的心也变得更加纯净、辽远。

第八章

『飞行是我永远的梦想！』

刘洋不是“读死书”的孩子，她学习投入，玩起来也很投入。她的爱好曾非常广泛，小学时拿过学校象棋比赛冠军，学过小鼓和黑管；从初一起，因为普通话标准、口齿清晰，就当上了学校广播站的播音员；高中时，担任学校团支部组织委员、班级团支部书记，还是青年志愿者，只要有活动，她都积极参与。

因为小时候的梦想是当律师，爸爸就开玩笑地说：“律师都要有渊博的知识，缜密而明辨的思维。”为了实现梦想，认真的刘洋就开始了大量阅读，并常常和好朋友一起辨析是非。

刘洋自小最爱读文学书，是一位标准的文艺女青年。

当时，父母虽然工资不高，却舍得给她买书。在她家里，至今还保存着那套“中国古典名著普及文库”版本的四大名著。她最喜欢的《红楼梦》，也不知道到底看了多少遍，书脊那里已经开了线，又用透明胶贴上，就是那样也舍不得扔。刘洋还有侠义情结，金庸的全套武侠小说，她几乎都读过。直到今天，《倚天屠龙记》中开篇的那首丘祖长春真人的梨花词《无俗念》，刘洋还能背得出来。

刘洋还喜欢文字优美、意蕴悠长的散文，富有哲思给人启迪的杂文。后来，热门小说也成为她业余时间的好伙伴。前不久，她还抽空重读了《平凡的世界》。虽说现在的生活和书中写到的那个时代、那些人的生活有了很大的改变，但她从书中看到了对生活的深刻思考。阅读这样一部作品，刘洋能够理解苦难、敬畏苦难，更懂得珍惜。如今，读书的习惯不变，历史书成为刘洋当下最喜欢看的类型。

刘洋有善良易感的心，又爱读书，她自小在演讲方面成绩骄人，后来还拿过广州军区演讲比赛的第一名。2011年，刘洋代表航天员大队，参加了航天员中心的演讲比赛，获得一等奖。

到了部队以后，刘洋不仅是文艺骨干，是文艺晚会的主持人，爱舞文弄墨，还和年轻女生一样爱追星——兴致勃勃争着和到部队慰问演出的明星合影，参加了女飞行员乐队，学过黑管……

现在当了妈妈，刘洋的学习本领得到超强发挥，俨然已是育儿方面的“知识达人”，脑子里藏了好多有趣的儿歌，张口即来，声情并茂，而她的观众就是她的宝贝。

『我不会变！』

从默默坚守到一飞冲天，经过外界的鲜花、掌声、关注和追逐之后，大家都很关心：刘洋变了吗？她现在的生活怎么样？未来她还有什么样的规划？

如何面对荣誉？这是对刘洋的新考验。

我的脑海里不自觉地浮现出与刚刚飞天回来，正值休养恢复期的刘洋见面时的场景：她像一位亲切、随和、热情的邻家姐妹，纯真透明，她的真诚时时感染着你，感动着你。刘洋特别不希望大家把航天员这一职业神秘化，把航天员看得高高在上，好像不食人间烟火一样。她强调了好几遍："我不是钢铁侠，我就是一个能坚持，容易被感动，会流泪，也爱笑，还有梦想的普通女性。"谦虚真诚的态度，瞬间拉近了我和她的距离。

如今四年已经过去，刘洋依然和从前一样：周到的礼数，亲切的笑容，热切且闪着光亮的目光。讲话时，她会认真地望着你的眼，不闪烁，不回避。

刘洋的桌上放着一只玻璃罐，那是她去专门培养国防生的学校做报告时，那里的女学员送给她的。玻璃罐里是用各种彩纸、闪光纸叠的幸运星和千纸鹤，装了满满一大罐。打开看，每只千纸鹤上都写着学员们的祝福：永远的太空，梦想起航，追梦人…… 刘洋特别珍惜学员们的这种表达，因为她自己也走过一段青葱岁月，深深地明白蓬勃的青春和热情是人生最为宝贵的财富。

有一次去一所中学做报告，让刘洋特别感动。报告结束后，一位初中小姑娘有些羞怯地找到她，问："刘洋姐姐，我能不能和你说几句话？"得到肯定的答复后，小姑娘向她最信任的刘洋姐姐敞开了心扉："我是初三的学生，但我成绩不好，马上要中考了，我很害怕！"说着，小姑娘的眼里含着泪水，一脸愁苦。刘洋拉着小姑娘的手，微笑着说："不要哭，要坚强勇敢。姐姐告诉你，从现在开始的每一天，你都当作全新的开始，用心去进行每一天每一门功课的学习，而不要在意考试结果怎样。只要坚持，只要尽力，你就会很快发现自己的改变。相信自己，你肯定行的！"

刘洋的话似乎给了小姑娘很大的鼓励，她说出自己的请求："刘洋姐姐，我可以抱您一下吗？"

刘洋马上伸开双臂，使劲地搂了搂她。

小姑娘满是信任，认真地问："我能行吗？"

"我相信你，你一定行！"

那一刻，刘洋看见小姑娘眼睛里闪烁着信任和喜悦的光芒，这道光芒永远定格在了刘洋的记忆中。

播撒理想的种子

“神九”乘组参加北京航空航天大学六十周年校庆时，一位满头银发的退休老教授在礼堂找到三位航天员，希望一起合张影。当时，台上正在演出，为了不干扰正在进行的活动，刘洋请老人活动结束后再合影。没想到，那天参加活动的人特别多，很多人都挤上来要一睹航天员的风采。为了保证秩序，临近活动结束时，组织方就安排航天员离场。在追随的人群中，刘洋一眼就看到了那位银发老人被挡在人群外，一个劲地喊着他们。她越过人群，一把拉过老人……那天，她和战友履行了承诺，和老人合影留念。

此后，刘洋几乎忘掉了这件事，因为它太小了，也太普通了。

一年后，刘洋来到北航附小给那里的学生做讲座。活动结束后，一个小男孩拿着封信跑过来说："刘洋姐姐，这是奶奶让我交给您的。"她打开一看，里面就是自己和那位银发阿姨的合影，照片后面写着一句话："感谢你们为祖国的航天事业所做的贡献。"小男孩悄悄告诉刘洋，他长大后也想当一名航天员。

这件事让刘洋颇为感动。她感动于用毕生精力培养航天人才的银发阿姨的赤诚之心，感动于阿姨对航天事业的热爱，感动于小男孩未来的理想……每每想起他们，刘洋便感觉到全身仿佛注入了新的力量。也就是在这个时候，刘洋开始懂得：分享的意义就是播撒理想的种子，传递进取的力量，增加成功的希望。

变，还是没变？看看刘洋自己的回答：

"我没有变。我不会变。因为我还清醒。

"我没有什么值得骄傲的，我不是长翅膀自己飞上太空的。

“我知道，有多少人的牺牲和付出才成就了飞天；我知道，我们的背后是多少双手的托举，我才到了太空；我知道，这个事业带给我多少感动。

“我确实骄傲。我为这个事业骄傲，我为从事航天事业的这个群体骄傲，我为自己是他们其中的一员骄傲！并不是所有的付出都能收获甜蜜和幸福，不是所有的荣光都是欢歌一路。”

刘洋的话，令人想到了中国航天人这个群体。几十年间，中国航天人在一次次火箭的升腾中，不断刷新中国航天的高度，也不断提升中华民族自信的高度。这些高度不是凭空而来，正是由无数个不眠不休的加班日，无数次与东方晨曦的相伴，无数次伴着生命里对亲情的伤痛和遗憾换来的。提起对事业的态度，许多航天人选择了“忠诚”“执着”这两个简单的词，因为它们就是中国航天人的灵魂密码。从这个意义上来说，中国航天员这个群体就是我们时代的楷模。

尽管工作学习训练和社会活动已很繁忙，但刘洋又挤时间开始攻读社会文化和心理学专业的课程。未来，随着中国建立空间站和深空探测，航天员将面临长期飞行，对个人的心理素质和团队相互间的心理支持、相互融合和合作的要求也会更高。她选择攻读这个专业，就是希望将学到的知识更好地运用到未来的工作中。

谈到未来，谈到梦想，刘洋说："我也要争取飞第二次、第三次，不为什么，因为它是我的职业，它就是我的梦想！"

下卷

王亚平：中国首位太空女教师

2016年9月4日，在颇受欢迎的央视一套《开学第一课》的课堂上，请来了中国首位太空女教师——女航天员王亚平，以“先辈的旗帜”为主题，围绕“长征精神”并以“坚持不懈”为主要内容开讲。

容貌清丽的她，身着蓝色工作服，微笑着走上讲台，迎着一张张满是好奇和渴求目光的小脸蛋，讲起了长征火箭、神舟飞船背后航天人不忘初心、为祖国奉献一切的新长征精神。

王亚平告诉孩子们长征火箭的名称由来和寓意：火箭向着天际一路燃烧的长长轨迹，象征着中国航天事业艰苦而光荣的历程。

随着王亚平的讲述，人们仿佛回到2013年6月11日的17时38分，那一刻，在长征五号火箭的巨大推力下，王亚平作为“神十”飞行任务乘组的一员开始了她的太空之旅。

在网上搜索“航天员王亚平”，出现最多的是她在太空授课的视频和图片，她被网友称赞为“全宇宙最美的航天员”。

女航天员王亚平是一位怎样的姑娘？她的成长历程是怎样的？她是如何实现梦想的？让我们走近她、了解她、熟悉她，聆听她在成长道路上的精彩故事。

第一章 农家女儿早当家

美女曾是嘎小子

1980年1月，王亚平出生于山东省烟台市福山区张格庄镇张格庄村。张格庄镇号称“中国大樱桃第一镇”，地处烟台市最大的水源地门楼水库的上游和南岸。那里山清水秀、物阜民丰，雨量充沛、四季分明，现在是“山东省大樱桃示范基地”。她的家乡文化底蕴深厚，民俗文化资源丰富， 涌现出了很多文化名人，如“甲骨文之父”王懿荣、著名书法家权希军、玻璃画创始人赵文竹、鲁菜大师栾蒲包、民间根雕艺术家孙长青等。

王亚平的家就在山脚下。她的父母是以种地为生的朴实农民，现在家里还种有一些樱桃树。“神十”任务前夕，父母提前来到航天城女儿的家，当时正是樱桃收获的季节，家里种的樱桃都是村里人帮他们收的。

王亚平小时候家里并不富裕。唯一可以算作玩具的是奶奶给她缝的布娃娃，她还记得，布娃娃的头发是用红毛线编的。那时，屋外的山坡野地是孩子们最好的游乐场。王亚平从小体力好，长得皮实，常常满山遍野跑来跑去，好像一点也不知道疲倦。现在看她五六岁时的照片，小平头，肉嘟嘟的小脸蛋，怎么看都像嘎小子。长大后，望着亭亭玉立、肤白貌美的女儿，亚平妈妈开心地说："小时候把你放在煤堆里都扒拉不出来，没想到，现在长这么水灵！"

都说穷人家的孩子懂事早，王亚平小小年纪就知道为父母分担家务、干农活。五六岁时，她非跟着大人下地干活。人虽小，可心劲大，小亚平欢快地将掰下来的玉米棒子随手放在身后的篓子里，篓子越背越重，眼看着快要把小姑娘的腰压弯了。这一幕被地头边的邻居看到了，忍不住责备她的父亲："你怎么回事，让这么点大的孩子拿这么多？"父亲无奈地辩解："她非要装那么多，我们不让她弄还不行！"

作为家中长女，王亚平很小就有一种责任感。第一次帮母亲洗衣服的经历，她至今记忆犹新——

趁着母亲不在家，八岁的她悄悄端着一盆脏衣服，跑到家门前的小河边去洗，结果衣服没洗干净，却把一大块肥皂用完了。母亲回来一看直摆手：“丫头，你这不是帮忙，是捣乱。”那一刻，王亚平既惭愧又沮丧，她盼着自己快快长大。

王亚平干活从不惜力，也不怕吃苦。刚上小学的她，放学后背着书包一路跑，到了地里就主动帮父母干活。种花生的时候，父母在前面挖坑，她就跟在后面帮他们撒种子。邻居逗她：“这么小，你会吗？”她噘着嘴说：“当然会！”

放了假，王亚平往往会顶着烈日去地里拔草、掰玉米、种花生，粗活细活样样能干。一张小脸被晒得通红，可她从不喊苦，也从不叫累。到了瓜果飘香的季节，是王亚平最高兴的时候，她喜滋滋地和乡亲们一起摘苹果、摘桃子，在搭棚下守着满树的杏子、李子，享受着丰收的快乐。

正是有了小时候的吃苦经历，王亚平小小的身板充满了力量，吃苦受累对她来说都不在话下。

小时候，父亲经常教导她："做人首先要诚实，要善良。"在王亚平六岁那年，邻村有人得了绝症，需要花很多钱治病。虽然自己家的条件也不好，但听到消息后父母马上托人送去了50元钱。在20世纪80年代，那可是一笔不小的数目。

面对女儿的疑惑和不解，父亲对她说："我们家再困难，日子也比他们家强；没钱治病就会失去生命，他的家人就会永远失去他，咱们能帮就一定要搭把手。"

因为有了父母的教导，王亚平小小年纪便存有一颗敬老爱老、帮危济困的仁爱之心。她在家孝敬老人，帮着他们干这干那。有时间，她还常去帮助村里的孤寡老人，给他们送好吃的，陪他们说话解闷，干点力所能及的活儿。说起这些事，当年的小伙伴记得比王亚平还清楚。

在父亲眼中，女儿一直很争气。有一次，王亚平考了第二名。拿着卷子在门口徘徊了一个多小时，她进家一见父母，就哭了起来。母亲问她怎么了，她说："这次没考好，只得了个第二名。"父亲乐了："没事，下次努力！"

王亚平觉得，童年时光是单纯而美好的，那时她总是对未来充满美好的向往。曾经有一度，她梦想长大后当一名救死扶伤的医生，想象着自己身着白大褂，靠着精湛的医术把挣扎在生死边缘的病人抢救过来。当然，教师梦也常常出现在她的未来规划中。她希望，有一天自己能走出小村庄，考上大学去看看外面的世界。

奔跑的人生

王亚平曾就读的张格庄中心小学建在山坡上。小学四年级时，她参加了学校举办的越野赛，要从一个村跑到另一个村，那次她跑了全校第二名。也许正是从那个时候开始，王亚平就爱上了奔跑。

其实，瘦弱的王亚平并不适合跑步，但她喜欢用奔跑的方式和自己较劲，喜欢听奔跑时带起的风声和呼吸的声音同频共振，喜欢在跑累的时候咬紧牙关，喜欢那种超越极限后酣畅淋漓的痛快。

那些年，她曾参加过很多长跑比赛，是同学们眼中的长跑健将。他们总羡慕地说，她跑起来看着轻松不累。其实，她当然累，但是她更享受奔跑中的坚持，每次跑下来，战胜自我的成就感和快乐让她忘却了疲劳。

成功是需要付出巨大努力的，不论是什么行业，想要达到顶尖的标准就得努力奋斗、努力拼搏。在全球65个国家开店两万多家的著名企业星巴克CEO霍华德·舒尔茨有一句名言："我总是奋发图强、求知若渴，在别人停下来休息的时候，我仍然在奔跑，跑向别人追不上甚至看不到我的地方。"

回顾十几年飞行员和航天员生涯，王亚平更愿意用"奔跑"表明她的态度：

"人生就像一场长跑，我在这条长跑路上有困难、有险阻，但这里的风景也独一无二。我会继续飞下去，因为只有坚持才会知道哪一站的风景是最美丽的。"

一语点醒梦中人

高三那年，王亚平正好赶上招女飞行员的机会。全班20名女生，只有她不戴眼镜，同学们都鼓励她去试试。没想到，她一路过关斩将，幸运地走到了最后，成为我国第七批女飞行员。

收到长春飞行学院的录取通知书，王亚平和父亲开起了玩笑："我自己做的人生选择，没错吧？"父亲没吭声，脸上的笑意却浓得化不开。这是怎么回事呢？原来，王亚平初中毕业时，父母希望一向成绩优秀的女儿直接报考师范学校，以便早点工作，早点挣钱补贴家用。殊不知，一直怀揣大学梦的她却悄悄报考了高中。直到录取通知书发下来，王亚平才告诉了父母。她和父亲都记得，当年因为擅自选择读高中，父亲曾对她大发雷霆。

飞行学院学习训练的艰辛，远远超出了王亚平的想象：零下二十多摄氏度，每次跑步衣服里面是汗外面是霜，睫毛上都是小冰粒……她什么也不说，坚持着——一圈一圈，一天一天，一年一年，在奔跑中她的心也越来越强大。

中长跑一直都是王亚平擅长的体育项目。一次七千米竞赛，她得了第一名。同学问她有何秘诀，她说："累的时候我只有一个意念，那就是坚持。"四年的学习生涯，在她眼中就像一场竞争激烈的长跑比赛，不拼尽全力就会被淘汰。

当同龄人流连于华衣美食，自由自在享受时尚生活时，而王亚平却连周末外出的机会也没有，不仅如此，长长的秀发还被剪去，每天饱受风吹日晒，人也变得又黑又壮，完全没有妙龄少女的风姿。

十七岁的王亚平曾经迷茫过：与考了地方大学的同学们相比，她人生当中最美好的四年如此度过，那简直就是在浪费青春嘛。她甚至还萌生了退学的念头。

当她打电话和家人诉说，父亲的一句话把她惊醒：“你当飞行员难道就是为了逛街，就是为了穿漂亮衣服？你吃的所有的苦，不都是为了飞行吗？”

一语点醒梦中人。

王亚平最终爱上了头顶的那片蓝天——

每当她如小鸟般欢畅、自由地在蓝天翱翔，望着山川美景在脚下穿过，每当她完成一次任务或者完成一个漂亮的起落，那种无法言说的成就感，让王亚平一下子明白了飞行对于自己的意义。

第二章

『我爱祖国的蓝天！』

大喊去单飞

第一次飞行在1999年，王亚平永远记得那一天。

飞行教员为了让她感受飞行的魅力和魔力，居然带她去飞最考验飞行员功力的超低空。几十米的低空，当飞机俯冲低飞贴着村庄飞过，王亚平感到兴奋和刺激，她甚至看到了村里那些仰头看着飞机的村民的脸。她紧张地捂着嘴，害怕自己忍不住叫出声来。她能清楚看到村户家的鸡被惊得飞来跳去，激动的大黄狗龇牙咧嘴冲着他们叫的样子，之后飞机又迅速拉高，村庄、农人、牲畜，地面上的一切渐渐变小，终于再也看不见。如此神奇而欢乐的飞行让她沉醉，再也不愿离开。

等到第一次单飞，当她坐在主驾驶的位置上，看看空空如也的后舱，她终于相信，自己可以一个人飞了，高兴的她忍不住大叫了一声。从一心想要见到飞机，坐上飞机，到真正开上飞机，几年间的辛苦付出、心血和泪水，就在酣畅淋漓的一声呐喊中释放了。

年轻的姑娘已经明白，在追逐梦想的道路上并不是一帆风顺。可是擦干眼泪，努力向前，就会离梦想近一点，再近一点。

毕业时，王亚平以总成绩第二的优异成绩分配到航空兵某师。她是第一批放单飞的，是重点培养的机长教员对象。在九年驾驶运输机驰骋蓝天的经历中，王亚平安全飞行1600小时，出色完成了奥运会开幕式和闭幕式消云减雨、汶川抗震救灾、山东抗旱等任务。

王亚平也遭遇过云中穿行的惊险。

她参加的第一次降雨任务是在重庆。这也是当地第一次启用军航降雨，对王亚平和她的战友们抱了很大的希望。

那天天气情况很糟，强行飞行可能遭遇很大的危险。最后机组还是决定飞，不能辜负重庆人民的期望。飞机飞上去，才发现云分了很多层。一般人觉得浪漫的云，却可能潜藏着雷电、暴雨、气流等危险。飞行员有辨云识天的本领，雷暴云、浓积云、淡积云、积雨云、层积云、碎层云等几十种，哪一种云会出现什么情况，他们全都了解。平常飞机飞行都是躲着云飞，但是人工降雨飞的是边缘天气，就得哪有云往哪儿钻。

映入王亚平眼帘的，先是一层浓雾飞渡的云，再往上爬升一个高度，中间的水气层厚厚的，云囤雾集，什么都看不见。飞过那层峦叠嶂后，瞬间又是晴空万里，但竖着无数云柱。云柱不能进入，里面非常危险，只能绕着云柱飞。云柱相距间隔不远，这非常考验飞行技术。

胆大心细的王亚平驾驶着飞机好像在布下迷宫的云阵中穿梭往返，左旋右突，全神贯注喷洒增雨剂，不敢放松一点警惕。飞机好几次都是贴着云柱子的边在飞，极为惊心动魄。

那次飞行持续了很长时间。等飞机刚一落地，雨哗地就下来了，非常及时。而刚刚在鬼门关绕了一圈的王亚平和战友们，还惊魂未定，直冒冷汗。

听见地面上人们的欢呼，看着他们脸上洋溢的喜悦，成就感带来的暖意让他们紧张后怕的心情慢慢平复下来。

有了这次惊心动魄的经历后，王亚平又多了几分豪气：为了担负起军人的使命，无论付出什么，都在所不惜。这正是她的梦想，她的追求，她所热爱的生活。

勇敢不代表鲁莽

那些年，哪里发生旱情需要人工增雨，哪里的蓝天就会出现她的身影，她被众多媒体称为“云中雨燕”。

2008年北京奥运会，王亚平和战友们奉命执行消云减雨任务，保证奥运期间的好天气。飞机升空往预定区域飞行时，天气情况越来越糟，雷电交加，飞机颠簸得很厉害。

机组紧急打开雷达观测前方天气情况，眼前闪现一片红，红色意味着危险天气。他们经过研究，判断天气将持续变坏，飞机如果继续飞行会有很大的危险，最终机组决定放弃任务返航。后来的事实证明，机组的判断是正确的。飞机降落以后天气急速恶化，远远超出了飞机飞行所能承受的范围。如果不及时返航，后果将不堪设想。

这件事对王亚平的触动很大：不管当一名飞行员还是一名机长，不仅要勇敢坚韧，还要懂得进退，不能违背客观规律盲目蛮干，要有周全的决断力。

梦想就像启明星那样，指引着王亚平前行。

王亚平向更远更高处进发。

经过几年的锻炼，王亚平已经成为一名能够独立带领机组执行任务的机长，并担任飞行大队的副大队长。

人是否成功与出身无关。其实，世界是公平的，它让你有所失的同时一定会让你有所得。它给了一些人卑微贫穷的出身，同时又慷慨地给予他们不屈的斗志、顽强的毅力、坚强的意志、豁达的胸襟。

像很多中国人一样，王亚平的太空梦想源自2003年杨利伟飞天那一刻。那时，二十三岁的王亚平是刚到飞行部队两年的运输机飞行员，正憋足了劲儿，准备在飞行事业中大显身手呢。那天，她和飞行部队的战友们看电视直播，当火箭升空的那刻，激动和自豪激荡心怀。那一刻，她脑子里闪过一个念头：中国有了男航天员，什么时候会有女航天员呢？她没有想到，一闪而过的念头会变为现实，她真的成了女航天员。

“幸运”是王亚平对人生描述的一个关键词，但她明白这不只是个人梦想的力量，更是祖国快速发展的大环境和一个公平严谨的平台给她的机会。所以，她必须牢牢抓住机遇，她珍惜所有的机会。

机遇又一次青睐了王亚平。

2010年选拔女航天员，她脱颖而出。

听到消息，王亚平的父亲说：“当飞行员就够危险了，当航天员要飞到地球之外，那不更危险！”

父亲知道“航天员”这三个字意味着艰苦、艰辛还有危险。这份危险，王亚平想到了；没有想到的是，从飞行员到航天员挑战竟如此艰巨。

第三章 挫折是成长的徽章

『三点一线』

当时去参加航天员选拔体检，有一天晚上，王亚平和几个战友散步时碰到杨利伟。

面对偶像，王亚平问他："当航天员最难的是什么？"

杨利伟就说了两个字：学习。

这让王亚平完全没想到，她以为他会说各种艰苦的训练。

等来到航天员大队，王亚平意识到，学习是她们面临的第一关考验，也是颇为重要的一关。

第一年时间，航天员要系统学习空气动力学、天文学、航天医学、心理学、电工学、电子学、飞船设计原理、航天技术、航天环境，以及英语、哲学、高等数学等三十多门课程。

此时，王亚平已经三十岁了。离开学校参加工作近十年，猛然间要把书本捡起来，在一年时间里系统掌握陌生艰涩的学科理论，要写作业，要考试，难度确实很大。

第一门课是高等数学，授课的是清华大学的一位六十多岁经验丰富的老教授。第一堂课，她就跟航天员讲："给你们上课，可真把我难住了。"大家问为什么，她说："因为你们学的课程要求在三个月内完成，但在清华，这应该是一年时间才能学完的课程。而你们不仅要全部学完，还要考试。你们不止高等数学这一科，还同时开着四五门课，门门都要考核。不是所有时间都属于我，我怎么教，可真难住我了！"

感到难的何止是老师，作为学生的航天员更感任务艰巨。他们白天的课程排得满满的，有时周六也有加课，晚上还要做作业、预习、复习。每个人书桌上的台灯从没在深夜十二点前熄灭过。高深的专业课，课上不明白的，课下还要想方设法四处请教。那段时间大家的生活轨迹就是教室、宿舍、食堂“三点一线”。好不容易等到周末和家人团聚的日子，王亚平的双肩包里背着电脑和课本，她要利用难得的休息时间，把一周繁重的功课抓紧复习消化，还要预习准备新的学习内容。

难怪杨利伟曾开玩笑说：“当年高考时，要是像航天员这么用功学习，连清华北大都考得上。”

最具挑战的训练

最具挑战的训练是超重耐力训练。

男航天员都是歼击机飞行员出身，飞行会有载荷，所以在飞行员训练时，他们就对离心机有过一定接触。但对运输机飞行员出身的女航天员来说，这不仅是全新的体验，更是令人心慌恐惧的训练。

火箭升空和飞船返回时，航天员会承受巨大过载，载人离心机训练是提高航天员抗过载能力的重要课目。当机械臂高速旋转时，人的全身就像被巨石压住一样，丝毫动弹不得，血液分布也会发生变化。

很多孩子都有过在游乐场玩过山车的经历，它像要把人抛飞出去一般，很刺激，很多人都把它当作勇敢者的游戏。殊不知，在这个游戏项目中，人所承受的压力是自身体重的两倍，而超重训练中航天员承受的压力是自身体重的八倍。试想，八个人压住你的感觉会是什么样？

随着过载的增强和过载受力方向的不同，航天员的脸部肌肉会因为强大的牵引力而产生严重变形，眼泪控制不住不断地向外流，胸部感觉到极度压抑，呼吸困难。就在这种情况下，航天员必须按照规定完成各种技术动作。短短几十秒的训练时间，每次都像几个小时一样令人煎熬，没有坚强的意志根本坚持不下来。

应对离心机超重训练，如果没有好的身体条件，没有恰当适度的对抗动作，很难过关。按照评定标准，航天员不仅要保持头脑清醒，视物清晰，还必须能按照提问回答问题，做技术操作。不仅如此，心率还要保持在一定范围之内，不能太快。可是，当好像数倍于休重的重物压向自己，做对抗动作必定会使心率加快。劲儿大了，心率就会超出范围；劲儿小了，对抗失效，身体就会有异常反应。比如被压受伤，视物不清，周边视力丧失或中心视力丧失，便无法完成训练。训练不仅要求有好的身体素质，还要有一定的技巧。刚开始的一年多，王亚平始终突破不了二级。

做对抗动作需要有很好的腹肌力量和背肌力量。体型偏瘦的她腹肌背肌不够，为此，王亚平在增强心血管和肌肉力量的训练方法上想办法。她除了正常体训，还每天加班针对性做有氧运动、游泳，抽空就做多组仰卧起坐、练各种器械。她虚心向教员请教，向首批做得好的航天员讨教经验；还自觉把训练时间延长，把休息时间压缩。两年来，王亚平一直没有放弃，为了这个训练吃苦最多，下功夫最深。

2011年年底大考核，王亚平终于突破二级升为一级。在那晚的日记上，高兴的她写下大大的七个字：超重考核是一级。

三年多的时间，爱美的王亚平没有逛过一次街，没有出去看过一场电影。对此，她早已不会有刚上飞行学院时的失落和惆怅，而是坚定执着享受着事业带给她的每一次磨砺。紧张的训练也压不住她的笑脸，每天乐呵呵的她常说：“每天没有什么不高兴的事，就是一件值得高兴的事。”

其实，对航天员来说更考验的，是永不松懈，永不言弃，永远锲而不舍地摸爬滚打。说到飞行员和航天员的特点，相同之处在于，两种职业都需要坚强的意志、过人的忍耐力、坚定的信念和勇敢的品格；而区别在于，航天员比飞行员的准备时间要长很多，职业要求对身体素质、专业技能和知识储备等综合素质要求更高，学习过程更加复杂、艰苦，训练更为严格。飞行员一旦完成了前期的学习准备，飞行会变成一种常态。但航天员是“养兵千日，用兵一时”，要长期处于任务准备阶段，为任务准备几年、十几年、几十年到最后都没有飞上太空，这种情况也很有可能。所以，航天员更需要具备强大的心理承受能力和稳定的心理素质。

在航天员大队有这样一句话：“有一种生活，你没有经历过，就不知其中的艰辛；有一种艰辛，你没有体会过，就不知道其中的快乐；有一种快乐，你没有拥有过，就不知其中的真谛。”三年训练中的艰辛、快乐和感悟，王亚平都用心珍藏着。

坚守者也是英雄

“第一个登月的人叫什么名字？”

“阿姆斯特朗。”

“第二个呢？”

“不知道。”

2012年，成绩优秀的王亚平以微弱之差与“神九”任务失之交臂。

“看‘神九’刘洋飞天，你什么感觉？”

面对如此尖锐的问题，王亚平依旧平静如常。

“中国第一个飞入太空的女航天员是特别令人向往的称号，但个人荣誉跟祖国的利益相比，实在太渺小了。”

面对人生路上的重要关口，王亚平迅速调整状态，几乎没有停顿就投入到后续训练中，平和坚强的表现令人赞叹。

这个看起来柔弱的女孩子究竟是怎样想的？怎么做到的？王亚平真诚坦率的回答，让人们对航天员这个职业有了更深的认识。

“这很正常，因为这是航天员必须具备的素质。无论是谁，同样都会做到。早日飞上太空，是我的梦想，是我的动力，是我努力奋斗的目标。

“没选上一定会有失落，但面对这样的结果，如何去接受，接受的程度，以及之后的心理调整很重要。

“在首批老大哥的身上，有一种特别伟大的精神——坚持。十多年默默奉献，不断面临选拔、淘汰，长期处于被选择的状态，其中的滋味肯定不好受。一次次失望之后，再重整旗鼓、再准备的过程，是身体和精神上的巨大付出。但你选择了这个职业，就必须承受这样的压力，个人利益与国家需要相比，太微不足道了。那些没进入任务梯队的老大哥，还是一如既往加班进行交会对接训练，不光自己练，还会去教第二批航天员，将他们的经验与大家分享。他们带给我们太多太深切的感动。

“成功飞天的是英雄，默默坚持的也是英雄。他们身上体现的责任感、使命感，值得我和战友们好好学习。他们在我心里永远都是NO.1。看到他们，我有什么理由不去尽快适应调整呢？”

重整旗鼓，扬帆远航。在我们漫长的人生道路上，从来不会一帆风顺，没有经历过失败的人生不是完整的人生。巴尔扎克说：“挫折和不幸，是天才的晋身之阶，信徒的洗礼之水，能人的无价之宝，弱者的无底深渊。”当我们遭遇挫折和失败时，不要成为一蹶不振的弱者，而应该善于运用智慧引领自己去积极面对，坚信人生的低谷只是暂时的，阳光总在风雨后出现。

一次载人航天发射代价高昂，所以航天人背负着比常人更大的压力，他们必须通过自己百倍的努力，确保“只能成功，不能失败”。这里没有退路，没有重新来过！航天员必定会面临着无时无刻的选拔。

有人会说，这个职业的竞争如此激烈，太残酷，但航天员之间的竞争却成为超越自我、优中更优、取长补短、共同进步的良性竞争，他们之间朝夕相处、患难与共的战友情谊，也在这样的选拔竞争中淬炼得更为纯净，闪耀着金子般的光芒。他们明白，在汇聚千百万人智慧的航天大厦，只有化为一个整体，大家团结协作才能让事业的大厦坚不可摧。

等你平安归来

无论是刘洋还是王亚平，都对“神九”航天员出征之前那个中午的场景记忆深刻。飞行前，航天员大队长将“神九”主份乘组的景海鹏、刘旺、刘洋和备份乘组的聂海胜、张晓光、王亚平叫到一起，以茶代酒为战友送行。

首批航天员张晓光对同一批的战友刘旺说的一番话，令在场的人十分动容。他手举着酒杯，激动难抑，说：“特别羡慕海鹏，因为你即将两次飞天。特别祝福刘洋，因为你很幸福，两年实现自己的梦想非常不容易。但我要特别祝贺刘旺，在这十四年里，我和你一样一次次经历飞行任务，一次次经历选拔，一次次面对失败，这种滋味我们最清楚。今天，你终于实现了自己的梦想，我为你感到高兴。不知道我会等到什么时候才能像你一样实现梦想，但我会继续努力，继续等待！”

一番话令刘旺泪流满面，也让在场的每个人都落了泪。两位女航天员对航天员这份职业更多了几分理解。

那天沉稳、内敛的王亚平真诚地说：“我想单独和刘洋说一句话：‘你是我们女同志的骄傲，希望你能带着我们俩的梦想一起去飞，我会在地面永远支持你！’”

下午发射时，站在航天员公寓问天阁的楼顶，当看到火箭喷着火焰缓缓升起，脚下的大地似乎也在微微颤动，王亚平的泪水怎么也止不住。此时，她心里就只有一个念头：祝福我的战友们，等着你们平安归来！

王亚平这样袒露自己对竞争、对友情的认识：

“这种感觉，就像打一场战役，所有人都团结一心、勇敢拼杀，只要抢占了高地就算赢。至于是谁插上了旗子，是谁吹响了号角，都不重要，重要的是打赢了。我和刘洋是同学，也是战友，又在一起参加航天员训练，整整十九年。这是朝夕相处的感情，是一路摸爬滚打过来结下的情谊。我们一起经历了那么多，我知道这其中的付出和艰辛。她非常不容易。我就希望她和战友们能平安回来。”

说这些话时，王亚平眼睛亮亮的，有些潮湿。

执行“神九”任务回来后，刘洋毫无保留，专门给王亚平讲了很多在太空的感受。刘洋用自己的亲身体验鼓励王亚平，男女在太空里也没太多差异，男航天员能做的事，我们女航天员也一样能做。

在王亚平执行“神十”任务即将出征时，刘洋说：“我会在地面祝福她、支持她，因为我们是一个团队。”后来，刘洋还特别对正在飞行中的战友和姐妹王亚平发出真诚的祝愿：“亚平，衷心地祝贺你在这次‘神十’任务中能够圆梦太空。虽然不能和你一起执行任务，但我的心是和你一起飞翔的，我相信你一定会有出色的表现，一定能够圆满地完成这次任务，安全顺利返回。”

现在网络上流行一句话，“友谊的小船说翻就翻”，这样的友谊不是真正的友谊。竞争与友谊从来不是对立的，而是可以并存的。竞争使我们拥有前进的动力，使生活充满生机；友谊是世界上美好的情感之一，友谊的温度会融化竞争带来的所有不适。竞争在友谊中发展，友谊在竞争中成长。

航天员刘洋和王亚平给我们做出了很好的榜样。

第四章 天降大任

重拾教师梦

2013年3月，王亚平入选“神十”任务乘组，任务前两个月，她还受领了一个新的任务——担任中国首次太空授课主讲人。时间非常紧张，压力再次向王亚平袭来。她感到，既兴奋又紧张，还有一点忐忑。

让王亚平兴奋的是，终于能够圆了自己的教师梦啦。提起当教师的理想，就一定要说到王亚平的小学老师靳风春。那位用爱心和耐心教育孩子，对学生视如己出的乡村教师，是王亚平年少时理想的缘起。当了飞行员以后，王亚平曾以为自己离老师的梦想越来越远，没想到还能成为中国第一位太空教师。站在世界最高的讲台上为学生们授课，该是多么荣耀，多么有意义啊。让她紧张的是，这是个艰巨的任务。因为是首次太空授课，很多情况都还未知，需要到天宫后才能得到验证。让她忐忑的是，毕竟从来没有当过老师，更何况还要为全国的中小学生上课，自己能讲好吗?

太空授课活动是我国载人航天飞行中首次开展的教育应用类任务，是一次面向全国、面向全世界的科普直播活动。

随着世界航天事业的发展，太空教育已成为连接青少年与载人航天事业的最好桥梁，受到越来越多国家的重视。

1984年，时任美国总统里根宣布实施“教师在太空计划”，以激发学生对数学、科学和太空探索的热情，为此决定将第一名普通公民乘坐“挑战者”号进入太空的职业资格定为教师。正如大家了解的那样，麦考利夫成为入选的女教师。按照计划，在这次太空任务中，她将在太空为几百万的美国学生讲两堂课。然而，1986年1月28日，麦考利夫所乘坐的“挑战者”号发射后不久，便发生爆炸，七名乘组人员全部梦断太空。此后，美国国家航空航天局取消了计划。

直到20世纪90年代，美国国家航空航天局开始开展一项持续性强的太空教育活动——“教育家航天员项目”。教育家航天员不仅和其他航天员一样承担着同样的责任，还要作为教师给地面的学生授课，引导孩子们探索太空的兴趣。2007年8月14日，同样出身中学教师的芭芭拉·摩根在随“奋进”号航天飞机进入国际空间站后，进行了世界上首次太空授课。这次授课通过视频实时传回地面。摩根和她的同伴们将空间站当作别具一格的课堂，向学生展示了在太空运动的状况，介绍和演示太空生活。地面课堂设在博伊西的“爱达荷发现中心”，那里距摩根曾经任教的小学有160多公里。摩根通过亲身体验和实验项目，形象生动地为孩子们打开了通向太空的智慧之窗。这堂课持续了25分钟。

此后的2011年，国际空间站的参与国决定，将其运行寿命由2015年延长至2020年，美国、俄罗斯、加拿大、日本等成员国或组织都在努力拓展国际空间站的应用，其中一个重要领域就是国际空间站作为教育平台的开发。航天员在繁忙的工作之余，会尽可能抽出时间和学生交流，并亲自做些实验演示，有时还会做一些学生设计的太空实验。

2010年，中国科学技术协会（简称中国科协）推出了持续性的“开启天宫的梦想——全国青少年载人航天科普系列活动”。随着载人航天工程“三步走”战略不断推进，2011年9月，在天宫一号目标飞行器升空之前，关于太空授课的想法已经开始酝酿。2011年底，中国科协首先向中国载人航天工程办公室建议，以神舟九号和神舟十号发射并与天宫一号对接为契机，由航天员在太空为青少年讲授科学课。这一创意得到了中国载人航天办公室的积极响应，在神舟九号飞船与天宫一号目标飞行器交会对接任务顺利完成后被采纳。2012年11月初，太空授课活动被正式列入“神十”飞行大纲。此次太空授课活动由中国载人航天工程办公室联合教育部、中国科协共同主办。

其实，这次太空授课的意义不仅仅在于王亚平所站讲台的高度以及我国青少年因此获得的太空知识，更在于它向世界传递了我国在航天科技方面的独特探索。正如授课所围绕“微重力”这一太空科学重大命题所设计的实验活动，是航空科技的基础，也一直是各国太空科技竞赛的主题。

细节决定成败

太空授课的目标被定位为“有兴趣、开眼界、长知识、通俗易懂”，实验选取的原则确定为科普性、可视性、教育性和可实施性，最终确定演示失重环境中的物体运动和液体表面张力。

“神十”乘组的三位航天员中，王亚平担任主讲，指令长聂海胜担任助教，张晓光担任摄影师。他们为此做了很多准备。每一次关于太空授课相关内容的评审会，航天员都要参加，负责太空授课的团队还专门请来老师为航天员讲课。

对王亚平这个完全没有授课经验的人来讲，授课中“度”的把握，授课的方法、状态、角度、表情、动作、语气、语速，完全是从零开始学起。每次请老师来上课，王亚平总是认真倾听，除了学科学原理，学物理知识，更多的是学老师授课时的方法，学习他们的语气、动作和神态。每天，王亚平考虑最多的问题是：怎样上课才能更自然，容易被学生接受和理解呢？她买了很多中学的物理书、辅导教材，又到网上找了国外航天员太空授课的视频，还对教育心理学进行了研究。

当第一次上台试讲的时候，王亚平感到浑身都不自在。上了高中以后，王亚平和许多处于青春期的女孩子一样，变得沉静，不喜欢表达，公众场合爱躲在人群后。可现在，太空授课的任务不仅逼着她必须能表达、会表达，还必须当众表达。王亚平首先要让开口讲变成一种自然的状态。于是，她抓住一切机会讲：给技术专家讲，给战友们讲，给孩子们讲，回家后对着爱人讲……听取不同听众的意见，然后仔细记下来，她分析完后再揉进去，等着下一次继续改进。

最开始试讲的时候，王亚平完全是凭着感觉走。到底该怎么去讲？到底讲得怎么样？她心里七上八下，惴惴不安。每一次试讲，都会有领导、专家、老师提出各种不同的意见。每次试讲视频，王亚平都会带回去自己反复琢磨。比如：这个地方用怎样的语气才能更自然一些？加个什么样的手势能更好地表达意思？她琢磨来琢磨去，像个最挑剔的考官。原先说话从不带手势的王亚平，现在说话会自然带出很多手势和表情，就是太空授课带给她的影响。

接着就是抠讲课细节。细到什么程度呢？手放到什么位置，用什么样的手形，讲台的高度是否符合太空环境，王亚平都会细细研究。刚开始，她在没有实验操作时的授课动作是两手交叠放身前，试讲后觉得太像主持人，后来决定把手放在小桌板上，既自然放松，又可以在失重环境中帮助稳定身体。

为了当好太空老师，每个字的发音都被王亚平细细抠过，比如从前不在意的“质量”“晶莹剔透”两个词的发音就被反复纠正。一天讲下来，王亚平的舌头、嘴唇似乎都被磨薄了，木木的，有些疼。经历了这次授课，王亚平开玩笑说，自己可以去参加播音员考试啦。

考虑到飞行任务中航天员整体工作安排以及测控卫星信号传输等原因，太空授课的时间必须准确控制在四十分钟内。这如何做到呢？除了科学严谨的方案，天地协同的配合，作为主讲人的王亚平根据自身语速和操作反复演练。功夫不负有心人，经过多次的训练，在没有任何提示的状态下，她将时间卡得分秒不差。

功夫在诗外

随着准备工作的深入，王亚平发现太空授课训练比自己设想的还要艰难许多倍。为了达到要求，授课内容经过反复推敲，教案既不能深了，也不能浅了。讲稿被改了无数次，每次都会改出厚厚的一摞。常常是今天给的稿子，隔一天就要试讲。四十分钟的内容，再好的脑子也记不住啊。王亚平一看，死记硬背不成，先把脚本从头到尾捋几遍，除了原理性的东西必须记住外，其他内容变成自己的话，按照自己的语言习惯现场讲。

评审会开了无数次，每次都会邀请各个领域的专家，集思广益，一遍一遍地推敲讲稿。推敲到什么程度呢？会一个字一个字地推敲。比如，单摆实验里的小球是浮着，悬浮着，还是漂浮着？这样一个词，都会仔细斟酌，确保非常精确。每次评审会讨论以后，意味着又要改稿子，改完紧接着就要看试讲效果，往往刚刚熟练掌握的稿子又得重新记忆。为了达到最佳效果，在短短一个月的时间里，讲稿先后改了不下几十次。各种场合的试讲已经记不清有多少次了，仅地面全系统全流程的1∶1演练就进行了好几次。

在准备太空授课的过程中，王亚平更加深刻地体会到了航天人严慎细实的工作作风。忙碌了一天的脚本编制组的成员在每天下午五点钟别人工作结束的时候，重新集结在一起开始紧张工作，脚本讨论常常到凌晨才结束。他们需要保证在次日早上八点准时把修改后的脚本递上去，然后一大早就按最新的脚本和流程进行演练。

为了让孩子有兴趣，突出实验原则的科普性、可视性、教育性和可实施性，太空授课既要跟中学物理的有关知识原理相关联，还需要选择安全可靠、体积小、质量轻的教具。在实验选取上，大家也费了很多心思。

比如，陀螺实验。选择它是因为这是中国的传统游戏项目，具有进动性、定轴性和章动性的力学特征。在失重状态下，陀螺的特性是否改变？运动状态是怎样的？有外力时怎么样？静止时又会怎么样？对比起来会很明显，大家看起来也会津津有味。

还有测质量的实验。飞船上有质量限制，不仅对携带的教具重量有要求，也担心带上去操作不当，会损害舱里的设备，所以教具尽量使用天宫的现有设备。于是，从天宫一号就地取材，用了航天员在太空上称体重的质量测量仪。

看到这些，一定会有人惊呼：一堂四十分钟的授课，竟然这么复杂琐碎，真令人难以想象！这是因为，在太空中任何一点小小的疏漏，都会导致无法弥补的后果！

我们常说细节决定成败。“心心在一艺，其艺必工；心心在一职，其职必举。”如果我们都能将自己所从事的工作做到完美，做到极致，就能超越梦想，成就辉煌。

太空授课最大的考验在于，地面上做的所有演示，都只是理论结果或是想象，并没有在真实太空失重环境验证过，做不成功或是和预想有出入怎么办？这是当时很多人的担心。在“神十”飞行乘组与记者的见面会上，王亚平对此做出回答：“实验做成什么样，我们就讲什么现象。面对浩瀚宇宙，其实我们都是学生。”

太空授课的原则是真实性，即使不完美，即使失败，也要把真实的太空现象展示给大家。所以，除了五个正式实验内容，当时还有两个备份实验——液桥演示和小球碰撞演示，万一不行就换上。再有，授课过程中飞船和天宫一号出现意外情况怎么办？这一切都要考虑周全。除此之外，还有应对各种突发状况的几十种处置预案，每一种预案，王亚平和战友们都精心做了准备。

第五章

和衷共济驭神舟

默契组合

“神十”任务前，根据要求，对“神十”乘组和备份乘组的六名航天员在飞行模拟器分别进行了三人四天的密闭性训练。一天二十四小时全天候的生活起居，吃喝拉撒睡都在这个狭小空间里，无论是科研人员还是航天员都是头一回。作为一个飞行乘组，需要有高度的默契，而这样的默契正是从生活、工作、训练中一点点培养起来的。

令王亚平感动的是，两位师兄特别照顾她。考虑到男女对温度感受不一样，他们总会细心地把舱内温度调高一点，再调高一点，直到她感到舒适。三名航天员中，王亚平年龄最小、资历最浅，但另外两名航天员聂海胜、张晓光提到她，都会赞不绝口。

“她付出了极大的努力。”聂海胜说。

“真诚善良，心思也细密，是一个特别让人放心的伙伴。” 张晓光说。

航天员中心的心理专家曾为乘组做过一次心理测试，考验三个人的默契度。测试要求，他们轮流上阵，共同完成一幅画，期间三人不能有任何交流。

张晓光第一个动笔。他想画条铁路，刚画上两条平行线，填了三两根枕木，就被叫停。轮到王亚平了，面对几条线，她毫不犹豫地照着铁路的样子画了下去。等到聂海胜放下笔，这条铁路已完整成形。

第二轮绘画时，在聂海胜画了一条很不像桥的小桥后，张晓光紧接着添了条路。他说：“有桥就有路，正好另一边是亚平画的农田，我就把两边连接起来了。”

绘画完成后，三个人都很感慨：画面是那么和谐、那么完美！王亚平问聂海胜：“师兄，我们最初几笔那么粗糙，你怎么知道画的是什么？”聂海胜笑了：“我一看，就知道是铁路！”

王亚平形容他们是一个团结、紧张、严肃、活泼的乘组，无数次的配合早已培养出相互间深厚的默契，好像家人一般。他们每个都能猜出另外两个的想法，都在照顾他人的感受。

有时，张晓光和聂海胜在训练中发生认真的“争执”，王亚平还会稍有些担心，马上充当起了“调解员”：“哎呀，你俩别吵了。”

两个师兄一看她着急的模样，扑哧笑出声来。

紧张的训练之余，王亚平也会用女孩子的开朗可爱调剂气氛。有时，在舱内训练做出一个姿势，明明很狼狈，她却还要对着张晓光喊：“师兄，快拿相机拍下来。”

大家哈哈笑了起来，劳累也在笑声中消散不少。

能吃能睡女飞人

2013年6月11日17时38分，中国酒泉卫星发射中心，天空湛蓝，夏风轻拂。此时，酒泉卫星发射中心正被世界注视。发射场上，湖蓝色的发射塔架完全打开，神舟十号飞船和乳白色长征二号F遥十火箭组合体向天矗立，格外精神。

随着一声“点火”的口令，这里拉开了中国天地往返运输系统首次应用性太空飞行的序幕。长征二号F运载火箭在震天的轰鸣声中腾空而起，箭体上五星红旗图案鲜艳夺目，“中国航天”四个大字熠熠生辉。它承载着神舟十号飞船和王亚平及她的战友们飞向苍穹，飞向中国人的太空之家……

也许是有了充分的准备，也许是身体素质好，又有了指令长聂海胜经验的传授和战友的陪伴，从最惊心动魄的上升段一直到太空运动病高发期的前三天，王亚平的感觉一直特别好。王亚平从没尝过失眠的滋味，在太空她也是能吃能睡的超级达人，每天都能保证八个小时以上的睡眠。

最有意思的是在任务刚开始，飞船还没有与天宫一号对接，航天员只能在飞船中休息。飞船需要有人值守，航天员轮流分段睡眠。第一天地面统计，王亚平整整睡了十一个小时，超额完成任务。人在入轨头三天，很容易出现不适应的情况，但王亚平基本没什么反应。这让地面一直为她担心的科技人员，心里顿时踏实下来。

负责航天员医监医保的专家李勇枝和王亚平开玩笑说：“你在上面又能吃又能睡，看来很适合待在太空。”

王亚平调皮地回答：“再适合我也得回来呀！”

2013年6月12日是中华民族传统节日端午节，三名航天员在太空度过了一个特殊的节日。他们通过镜头，向全国人民、全球华人致以节日的祝福。在轨道舱内，王亚平吃完粽子后，开心地向摄像头展示粽叶，可爱的模样让网友惊呼“萌呆了”。

惊险天地大合练

在繁忙的太空工作之余，三位航天员抽空进行了太空授课演练。在太空中第一次做实验时，王亚平和乘组战友心中充满了新鲜、好奇和忐忑，因为所有的实验、所有的现象他们也是第一次看到，第一次体验。一些在地面上无法完成的实验在太空中就显得轻而易举，比如漂亮的水球实验就令人惊喜。

不过，太空失重环境也给授课带来了一些困扰。王亚平在授课时，需要一边给大家演示，一边做讲解，还要想办法保持身体的平稳。不仅如此，她还要根据摄像的要求，找好位置，避免移出镜头。这些要求，如果没有“一心多用”的本领，很难完成。

太空演示和地面演示存在不小的差别，主要体现在操作方面，操作的技巧、用力的大小都很关键。水的演示实验是最难做的。怎样让水膜做得不厚不薄？怎样让水球看起来又漂亮还不破？在多次尝试之后，王亚平终于找到了感觉。

这次太空授课前也出现过惊险一幕。在航天员进入天宫一号后，“神十”乘组和地面进行了天地大合练，这如同一场预演，一招一式和真实状态完全一致。然而，合练时出现了一个意想不到的问题。由于传输故障，地面上突然看不到太空授课的画面。而这一切，王亚平并不知道，她还在按计划进行授课演示。此时，她的耳机里传来地面老师的声音：“我们先插播一段录像。”这个与之前的程序不符，王亚平马上意识到地面出现了问题。过了一会儿，耳机里再次传出地面老师的声音：“亚平老师，我们的同学没有看到刚才的演示，请你再给大家演示一遍。”此刻，王亚平知道，地面已经可以看到她的图像，正提醒她重新做一遍刚才的演示。

面对这一突发状况，从地面老师到王亚平，都镇定自若，天地各系统协同非常默契，衔接完美。这样的镇定，来自他们的磨合，来自预案的完备。

太空授课当天，地面飞控大厅气氛非常紧张。这是中国人的首次太空授课，最终呈现在大众面前的究竟是什么样子，谁也不知道。

这天，三名航天员早早做好了准备。从地面观察，他们在太空的各种动作、表情都显得很轻松。就在太空授课前半个小时，三名航天员还自发打了一套太极拳。看着他们镇定的表情、舒缓的动作，地面上所有人的心情都跟着轻松了起来。三名航天员想用这样的方式让地面的人放心，也让自己有良好的状态迎接下面的工作。

天地飞鸿望家园

2013年6月13日，神舟十号飞船和天宫一号进行交会对接，航天员从飞船进入天宫一号。也是在这一天，世界第一位在太空授课的美国女教师给王亚平写了一封信，信中表达了她对“神十”乘组的问候和对太空授课的期望。

芭芭拉·摩根在信中写道：“在你环绕我们的地球而行并准备从太空授课之际，我代表全世界的教师和学生向你致以荣耀和爱的问候。我们为你骄傲。你在那里一定非常忙碌，但请记得花些时间望向窗外，中国和这个世界美丽迷人。”

看到这封转来的信，王亚平很激动，也很振奋。她一定会多看看这个美丽的世界，也会好好看看自己的祖国——中国。

在繁忙的工作之余，王亚平和战友们也充分感受着神奇的太空。他们翻跟斗，恨不能驾上祥云朵朵；他们追逐着空中飘飞的巧克力，用嘴来一个“空中接食”。两本书成为王亚平尝试“飞翔”的秘密武器，扇扇扇，人真的可以飞起来，书成为给力的方向舵。三名航天员变幻造型，手挽手，头顶头，像美丽的花朵一样飘起来，这样的感觉真好……

尽管工作紧张忙碌，但欣赏太空的美景仍然是王亚平最向往的。虽然曾在上过太空的战友的描述中多次领略，在照片、电视中多次看到太空，但当太空真切地浮现于眼前时，她还是被深深震撼了。

她想起人生中遇到的两次美丽的星空——

小时候，躺在院里的平台上，望着远处的夜空，繁星满天，晶莹透亮，钻石般点缀在黑丝绒般的夜幕上。明暗相间，银白色、金白色，荧荧点点，交相辉映。她仰望着静谧的天空，带着欢愉期待着流星的降临，许一个小小的心愿。她数着天上的星星，猜想着哪一颗星星会是自己。那高远神秘的星空寄托了她儿时的梦想和欢乐。那晚的夜空也常常飘进她以后的梦里，让她甜蜜回味，无限向往。

还有一次，是在酒泉卫星发射场进行训练时。当她抬头仰望凌晨四点的夜空，天穹像帷幕一样笼罩着四野，远方的银河像一匹闪亮的绸缎，蜿蜒向前，星星眨着眼睛，又大又亮，稠密地铺满天空，天空像墨色绸缎一样，浓得化也化不开。它汇成一条一望无边的长河，被一层薄雾轻轻缭绕，人也仿佛置身于星空世界。

在太空中看星星，更美更明亮，它就在你周围映照着你。浩瀚的宇宙下，人显得太微不足道。于是，王亚平有了更多纯净而严肃的思考。

她能读懂那位美国同行的建议，在遥远的太空，早已跨越了国别、种族，留下重塑天地人心的浩然正气和不断超越自我的探索精神。

2013年6月20日，太空授课结束当天，王亚平给芭芭拉·摩根回了邮件，对她的关注表示感谢，对她为世界载人航天和教育事业做出的努力和杰出贡献表示敬意。

王亚平回信说：

“今天，我们顺利完成了太空授课活动，与亿万中国学生一起分享了太空的神奇和美妙，收获了知识和快乐，希望您和世界各地的教师、学生看到后能够喜欢。飞行期间，我经常会通过舷窗遥望我们美丽的家园。太空寄托着人类美好的向往。知识是走向太空的阶梯。我们愿与您一道为开启全世界青少年朋友热爱科学、探索宇宙的梦想共同努力。”

从地球到太空，从太空到地球，两代太空教师的天地飞鸿辗转“邮寄”，传递着两位女航天员对推动太空科普教育的热忱。

特殊的天地对话

最让王亚平和战友们难忘的是，2013年6月24日上午9时许，中共中央总书记、国家主席、中央军委主席习近平来到北京飞控中心同他们进行天地通话。

习近平代表党中央、国务院、中央军委，代表全国各族人民，向三名航天员表示诚挚问候。他关切地询问了航天员进入太空十三天以来的身体状况和工作进展，特别慰问了张晓光和王亚平这两位第一次进入太空的航天员。三名航天员表示，他们身体状况非常好，空间实验进展顺利，“太空课堂”圆满完成，各项工作按计划进行。

飞行乘组指令长聂海胜说：“能够为实现中华民族的飞天梦想贡献力量，我们感到非常的骄傲和自豪！”

习主席说道："飞天梦是强国梦的重要组成部分。随着中国航天事业的快速发展，中国人探索太空的脚步会迈得更大、更远。看到你们各方面的状态这么好，我们很放心。你们为全国的中小学生举行了太空授课，很有意义。据我了解，有8万所学校6000万名学生参加了这次授课活动。这对于他们培养崇尚科学、探索太空奥秘的兴趣，会起到很好的作用。这一次载人航天飞行，在你们的身上体现了不畏艰辛、勇于探索的意志品质。这种宝贵的意志品质，对全国人民都是启示和鼓舞。我们希望你们精心操作、密切配合，圆满完成后续任务！大家都盼望着你们胜利归来！我在北京等候你们！"

当王亚平和战友们在遥远的太空听见习主席亲切的话语，感受到强大的祖国在关注着和支持着他们。

亲切的关怀和鼓励犹在耳畔，激励变成无穷动力。

王亚平深深感到：在地面时，祖国是家，太空是梦；但在太空时，天宫是家，祖国是梦。

第六章 站上世界最高讲台

飞天梦不失重

神舟十号的飞天传奇在继续着，中国人终于有一天把上课的讲台延伸到了太空。

“大家好，我是王亚平，本次授课由我主讲……”

天籁之音从远离地面300多公里的天宫一号实验舱里传回地面大课堂，所有人凝神屏息。弯弯的柳叶眉，清澈的双眸，甜美的笑容，高扎的马尾辫，王亚平让人眼前一亮。

随着这句来自天宫的亲切问候，王亚平轻轻一跃，和她的两名战友一起，向天宫一号舱内的摄像机镜头缓缓飘来。有史以来内容最神奇、教室最高远、观众人数最庞大的一课，开始了。

“神十”任务在这一刻达到高潮。

中国第一堂太空授课，会讲什么?

此时设在人民大学附属中学（简称人大附中）的太空授课地面课堂里，包括少数民族学生、进城务工人员随迁子女及港澳台地区学生代表在内的330余名中小学生，睁大了双眼。

没等大家平复兴奋的心情，指令长聂海胜先展示起了“绝技”。“我来个悬空打坐吧！”只见聂海胜轻盈地在半空中盘起了腿，好似有神功。

“那我来一个大力神功吧！”王亚平用手指轻轻一推，聂海胜摇晃地飘出很远，形象地展示了太空失重环境下物体运动的奇妙特性。

“在太空中，我们个个都是武林高手。”王亚平的话引发了地面课堂同学们的欢笑和掌声。

轻松拉开大幕之后，王亚平变起了一出出“戏法”：圆周运动的单摆、不变轴向的陀螺、晶莹剔透的水膜、红雾弥漫的水球……中国第一堂太空授课在趣味与惊奇中完美展现。

“如果诗仙李白在天宫里生活，大概就写不出‘飞流直下三千尺’的名句了，因为，失重环境下水不可能飞流直下。”

“同学们，见证奇迹的时刻到了。”妙语连珠的王亚平从饮水袋里挤出一颗水珠，水珠悬浮在空中，然后被她一口吃掉，“刚好润润嗓子。”

清楚的演示、娴熟的操作和生动有趣的语言，让这位漂亮和具有亲和力的太空老师深得学生们的心，让中国的太空第一课笑声不断，惊喜连连。

当一个美丽的水晶球在我们面前呈现，王亚平俏皮地从晶莹剔透中向我们望来，里面浮现出她温婉的笑容。

此时的天宫像极了这个美丽的水晶球，一头连着深邃的太空，一头连着我们的地球家园。在丝绒般的黑色天幕中，借着星星的光亮，幻化成热力四射、流光溢彩的水晶球，微笑着注视着我们。

此时，耳边传来王亚平的声音：“飞天梦永不失重，科学梦张力无限。”接着，她像一个梦似的飘出我们的视线。多想在这个宛若童话般美丽的梦中沉浸得深些，再深些啊……

循声凝望那深邃的太空，这堂难忘的太空授课将给孩子们植下热爱航天、热爱科学的萌芽，给青少年打开认知世界、追逐梦想的大门。

你是光你是电

六年前芭芭拉·摩根的太空授课从大家感兴趣的太空生活入手，自然随性，讲求趣味。而王亚平的太空授课，从内容到形式，再到时间长度，都是一节标准的中国课——科学性强，注重知识阐释。两名太空教师同样优秀。

作为太空女教师的王亚平，参与了台前幕后全过程，深深知道，为呈现出一堂完美的太空授课，凝聚着多个部门无数人的心血，她一定要借此文的一角表达她最深厚的谢意："太空授课活动是我国载人航天飞行中首次开展的教育应用类任务，是一次面向全国、面向全世界的科普电视直播，为了确保它的圆满顺利，凝聚了包括工程研制、教育部门、测控通信、电视媒体等诸多部门许多人的努力和心血，是一次载人航天大协作的完美呈现，感谢所有和我并肩作战的默默无闻的幕后英雄们！”

我国著名的科幻作家、雨果奖获得者刘慈欣守在电视机前和学生们一样认真上完了这堂近一个小时的太空物理课。他说：“这堂课最伟大的地方不在于展示了几个知识点，而是像一支画笔一样，为孩子描述了一个与地球重力世界不同的太空世界。”

短短几分钟物理学理论生动直观的展示，看似简单平凡，实则令人震撼。它是人类在地面重力环境下艰难奋斗三百多年的科学成果展示，是人类重力束缚下的思维理论在太空失重环境下的验证。通过这个天地间的大课堂，对提高科学素养、普及科学知识，激发青少年学科学、爱科学的热情，比任何宣传教育都要有效。活动也拉近了国家航天事业和公众的距离，是国家重大基础研究项目一次有影响力的公关。揭开空间科学研究神秘面纱，显示航天科技在日常生活中的应用，是宣传普及空间科学的极好契机。

中国圆满完成首次太空授课，获国内外媒体盛赞。

《经济日报》刊文评论："举重若轻的太空授课，不仅展现了我国的科技实力，展示了中国人的智慧和幽默，更播下了探索未来的火种。"香港《文汇报》刊文指出，中国人气最旺的太空教师王亚平用完美的演示和讲解，在数以万计中小学生心中埋下科学的种子，点燃了新一代中国青少年的航天梦想。英国广播公司、《独立报》、英国广播公司儿童节目频道网站等媒体刊登了王亚平太空授课的视频。在法国，多家主流媒体都纷纷报道了中国这堂太空授课。美国《世界日报》所刊载的《拼航天科技，拼国家民族骄傲》一文也指出，在国际太空科技竞赛的舞台上，中国是紧随着俄罗斯与美国之后，展现具有载人航天飞行能力的第三个国家。日本时事通信社用"不可思议"评论中国的太空授课。

为此，有专业人士评价，它是具有深远意义的划时代的事件。

有备而来

太空授课那天做水球，王亚平做出的水球又圆又大，格外漂亮。

当看到王亚平还往晃动的水球中继续注水时，地面的人揪心极了。所有人都望着大屏幕，眼睛眨也不敢眨一下。有些科研人员把两只手紧紧地握在一起，捏得生疼也浑然不觉。有人在焦急地小声做着徒劳的提醒："不要再加了，再加就爆了！"

当完美的水球呈现在观众面前，工程领导兴奋地说："这丫头绝对做功课了，她是想给我们一个惊喜呢！"

王亚平确实是有备而来。在太空，最难做的是水的实验。动作轻了重了，水量多了少了，都可能导致水膜破裂。往上贴中国结时，水膜一旦破了，图案就贴不上去了。每一次失败，王亚平和战友都仔细查找原因。比如，水袋里的水少了，或用铁圈往外拉水膜时碰到了水袋封条边沿等。尝试几次后，他们很快找到了诀窍。实验的细节，还包括注入水球的颜料的选择。带上太空的有红色、黄色、蓝色几种颜料，他们对每种颜色都做了尝试，最终选择了“中国红”这个代表喜庆和祝福的颜色。

在水膜实验中，还有这样一个细节。当她小心翼翼地把中国结嵌入水膜，所有人都屏住了呼吸，那个小小的图案汇聚了众人的目光，而当它被稳稳地贴在水膜上时，大家的欣喜和感动简直难以用语言来形容。

实验前，五角星、笑脸、青花瓷和中国结等都曾在嵌入图案备选之列，经过多次讨论，中国结被最终确定了下来。中国结不仅有浓烈的中国元素，还饱含着航天人的浓浓情愫。它很像航天工作，看似复杂却又井然有序，千头万绪却又牢不可破。

即便是第一次站在最高的讲台上，胸有成竹的王亚平也没有紧张。当她演示“大力神功”，将指令长聂海胜轻轻推出去时，她听到耳机里传来地面上孩子们热烈的掌声。这一刻，让她真正意识到自己是一名太空教师，此时在遥远的地球有那么多孩子在看着她。她身上所有的能量一下子就被激发出来，变得格外兴奋。

当指令长聂海胜用质量测量仪演示在太空如何测体重之前，王亚平问孩子们：“地面上有什么办法测体重？”一个看起来年龄很小的孩子奶声奶气地回答说：“地面可用曹冲称象的办法！”这一下，把大家都逗乐了。

关于这堂太空授课的网络图片中，一张王亚平在水球中亲切微笑的倒影照片被采用最多，堪称经典。“水晶天宫倒影”是三名航天员在太空实地演练后才发现的有趣景象。要呈现出这幅美丽的图景，不仅需要水球制作得漂亮完美，还需要航天员之间默契的配合和摄像角度的选择。航天员张晓光要将摄像机、水球、王亚平放在一条线上，才可能呈现如此漂亮的透镜成像。

授课时，指令长聂海胜戴着两个耳机：一个传导的是地面老师的声音，根据老师的要求，他要做好配合授课演示和辅助工作；另一个与地面飞行指挥相连，随时根据飞行情况做好应对准备。

太空授课结束之后，三名航天员不约而同把手放在一起，每个人眼睛里都满含热泪。那是庆祝，那是鼓励，那是默契搭档艰苦付出后的欣慰。为了完美的一课，他们和地面各个系统的航天人付出了太多努力。

再见，天宫一号！

2013年6月25日早上，在“神十”乘组撤离天宫一号，告别中国人的太空家园前，三名航天员聂海胜、张晓光和王亚平通过特殊的方式——手语和语音，向在太空飞行了三年，圆满完成赋予任务的天宫一号，向陪伴他们十三天的太空之家依依惜别，向地面的科技人员和关心支持航天事业的人们表示感谢和敬意。

王亚平说：“梦圆天宫，心系祖国。我爱你们！衷心地谢谢你们！”

张晓光说：“谢谢大家十三天的陪伴和支持！离开天宫前向你们致敬！我们的心永远和你们在一起！”

指令长聂海胜说：“我们的任务仍将继续，精彩仍将继续！再见！”

王亚平没想到，离别的时候会对生活了十三天的家——天宫一号那样依恋。按照程序，她和张晓光先行离开，等待指令长聂海胜在里面撤收，与地面做最后联络。她和张晓光在飞船轨道舱望着即将被永远关上舱门，开始独自太空之旅的天宫一号，脑海里浮现出他们在太空之家度过的紧张而美好的时光：透过观察窗第一眼看见地球家园的场景，在天宫新鲜别致的日常生活，各种有趣飘飞的造型，搭建起最高的太空讲台，那些奇妙无比的物理现象……

眼睛不禁湿润了。

再见，天宫一号！

再见，美丽的太空！

要回家了！巨大的幸福感包裹着乘组的每一个人。

他们朝着家的方向奋力飞去。

在返回的整个过程中，各种不同的过载排着队一个个造访，不同时间不同感觉的身体压迫向航天员袭来。已经两次执行飞天任务的指令长聂海胜富有经验，他在每个关键阶段和节点都提前提醒同伴，告诉他们会碰到什么情况，什么样的感觉是正常的。

这样的交流，令王亚平感到分外踏实。她没有惊慌，此时过载带来的身体不适，似乎也没有那么难受了。

从太空返回地面，一直在飞控大厅值守的工作人员可以清晰地听到三名航天员的交流。他们感叹着三名航天员的镇定放松，感觉三名航天员一路谈笑风生，就这样回来了。

终于，踏上坚实的土地了。

阳光欢快地洒满白色的航天服，四周一张张充满关切和喜悦的脸庞，带着露水的鲜花被捧上前，散发出无限芬芳。

那是我们美丽可爱的家的味道！

祖国，我们回来了！

第七章

太空女教师的AB面

女汉子真性情

“神十”飞行回来后，作为中国首位太空女教师，王亚平受到大众关注。她一直强调说：“在太空，不是我一个人飞，是我们整个乘组一起在飞，是我们航天员大队一起在飞，是我们所有航天人一起在飞。”她说：“身上承载着这种使命感，会让自己觉得可以克服一切困难。”

在人称“航天员总教头”的航天员系统副总设计师黄伟芬眼中，王亚平是个质朴的人，很坦然，也很坚强。

看起来文静秀美的王亚平，性格里却有女汉子的因子，是个乐天派。山东人的直率，让她从不掩饰自己的所思所想，说话幽默，爱开玩笑。在她眼里，只要天塌不下来，就没有过不去的事。

王亚平和大家融合度极高。平时，大家一起聊天吃饭开玩笑，嘻嘻哈哈从不见外。知道王亚平家乡盛产樱桃，大家便逗她："看，这么水灵原来是吃大樱桃吃的！"

生活中的王亚平，亲切随和，富有童心。在她的公寓和家里，有很多可爱的卡通玩偶，有她自己买的，也有飞天归来后孩子们亲手制作，送给她这位太空老师的。

和很多年轻人一样，王亚平喜欢摄影，爱听音乐。音乐对她而言不可或缺，是解决一切烦忧的法宝。她喜欢的音乐很杂，古典、流行、民族，中国、外国，热闹的、安静的，只要好听她都喜欢，家里买了很多音乐碟片。音乐榜单只要有新歌，她都会下载，手机里一拨拨新歌换得很勤。每天早晨，她起床第一件事，肯定是用音乐迎接全新的一天。即便在太空，这个习惯依然保留。若在卡拉OK唱歌，她完全是"音乐大咖"，点唱台里面的歌曲几乎没有她没听过的，也没有她不会哼唱的。

王亚平还喜欢运动，除了跑步，她尤其喜欢篮球、羽毛球、接力赛这类需要发挥团体力量的运动。在满是男选手的篮球场上，她还是进球率很高的优秀前锋。采访她的那天晚上，她和第二批的其他航天员组成篮球队对战第一批航天员师兄，战绩骄人，不可小觑。

最浓不过战友情

从飞行员到航天员，战友情谊是王亚平最为珍视的。

“神十”任务中，坚强的王亚平从出征到返回地面都没哭，当她见到父母和爱人，也强忍着没有掉眼泪。但是当回到航天员公寓，远远看到在欢迎的人群中列队站立的战友们，她再也无法抑制住激动的心情，泪水越聚越多，再难止住。此时的王亚平再也不想控制，任凭泪水恣意流下面颊，让奔涌的情感尽情宣泄。

是的，只有一起奋斗过，一起经历过，朝夕相处的航天员兄弟姐妹才能理解其中沉甸甸的战友情谊。

记得出发前，“神十”乘组航天员收拾私人物品，王亚平带上去的是两张全家福。第一张是和家人的合影，第二张是航天员大队所有人的全家福。她要带着全体航天员的梦想飞向太空，她要用这样的方式向那些默默坚守了十几年，执着梦想却始终与太空失之交臂的航天员兄弟，致以最崇高的敬意。

王亚平把这张全家福放在睡眠区的袋子里，每天都会拿出来看好多遍。天宫一号放着一本相册，封面写着“We are hero（我们是英雄）”。里面装的是航天员大队所有人的照片，有战友们的合影、单人照、参加各种训练的生活照，一共39张。她的思绪随着照片飘向地面，脑海里一幕幕回忆着他们在一起的场景：模拟器训练，登山，分队进行野外生存训练，做拓展训练……她的手指轻轻抚摸着相片，仿佛大家就在眼前。她对着一张张照片，一遍一遍地翻看，每一次感觉都不一样。每翻一次，她和大家的距离就更近一点。在遥远的太空，放大了思念的半径，清晰而真切。

太空授课的第二天，王亚平和在地面值守的航天员战友通了话。时任大队长的费俊龙告诉她，航天员大队专门在会议室安了两个大的平板电视，大家围在一起观看了太空授课。她在上面讲，战友们在下面热烈地讨论，反复琢磨着精彩的瞬间，会议室里响起阵阵掌声，大家掌心都拍红了，都为乘组的出色表现感到骄傲。

那一天，费俊龙把王亚平代表乘组发给战友们的信息念给大家听。屋子里静静的，情真意切的文字叩击着每一位战友的心扉，与勇敢、顽强、坚韧的太空骄子的情感同频共振。

航天员大队的师兄们、战友们：

今天是我们在太空飞行的第十天，此刻真的很想念你们，感谢你们一路以来的支持和鼓励，有你们的陪伴，我们从未孤单！在这条300多公里的轨道上，有我们大队所有航天员的梦，有我们全体航天人的梦。随着越来越多的战友由此飞过，我们的梦将更圆更远！祝福航天员大队，祝福我们美丽的祖国！

神舟十号乘组，来自太空的祝福

空中情缘

《大学》上说："古之欲明明德于天下者，先治其国；欲治其国，先齐其家；欲齐其家者，先修其身……"家庭是社会的细胞，关系着亲情的维系、良好道德的养成和文化价值观念的传承。家庭对于每个人的人生观和价值观的形成，都有着很重要的影响。家庭的文明、和谐关系着每个人的幸福。

作为女性，刘洋和王亚平无疑是幸福的。因为她们都有相互理解、相濡以沫的爱人，都有心儿永远和她们在一起，伴她们飞翔的亲人。

王亚平和爱人赵鹏都是飞行员，虽属一个单位，却分别在相距千里的不同城市，平时难得见上一面。两人只能靠电话互诉衷肠，因此也格外珍惜两人在一起的时间。关于他们的空中情缘，有许多不得不说的浪漫故事。

有一次，赵鹏驾驶大型运输机执行转场任务，恰好从王亚平所在的部队机场上空通过。几乎同一时间，王亚平也要驾驶运输机升空。两人好不容易能在空中“比翼双飞”了，于是他们在电话里约定，若能在空中相遇，就要用无线电“标准喊话”打个招呼。这样，即便看不到，也能在无线电的同一波段“相遇”。然而，直到飞行结束，王亚平也没有听到赵鹏的呼叫。原来，激动的赵鹏居然将机号认错，把呼喊信号转到了当天和王亚平在一起训练的别人的飞机上。而赵鹏并不知情，还美滋滋的，挺高兴。

晚上，小两口通电话。

赵鹏问妻子：“你听到我呼叫你了吗？”

早已了解情况的王亚平忍住笑，质问赵鹏：“为什么不打招呼？”

“我打了啊！”赵鹏满腹委屈地说。

王亚平再也忍不住，笑着问：“那你和谁说的话啊？”

赵鹏这才知道，自己居然“认错了老婆”。

这是一次错过了的鹊桥相会，他们的婚礼也差点耽误。因为聚少离多，王亚平和赵鹏的婚礼一拖再拖。2005年，小两口商定利用国庆假期回老家举行婚礼。但王亚平的部队有飞行任务，回家的行程一拖再拖。直到婚礼前一天，王亚平才执行任务归来。一下运输机，她马不停蹄地从部队机场赶往武汉天河机场，不料路上遇到大堵车，赶到机场时离正常起飞时间只有十分钟了。眼看着要误了飞机，老天似乎想特别关照这对恋人，航班因天气原因延误了半个小时，终于让他们如期赶回，举办了婚礼。后来赵鹏还经常和王亚平开玩笑说：“还得感谢天气不好，否则，那天你还当不成新娘了。”

赵鹏与妻子王亚平经常见不到面，2008年两人仅见过两次。其中一次，是夫妻二人同时执行汶川救灾任务在双流机场的匆匆一面。

2008年5月12日，当时王亚平在陕西执行了一个月的降雨任务，非常疲倦，正在家休息，她突然接到一个电话，说有紧急任务让她马上归队。到了单位，她才知道，汶川遭遇大地震，部队二十四小时待命，随时做好升空准备。王亚平和战友们每天通过电视了解灾情，心情十分沉重，迫不及待想为灾区人民做点事。

5月18日，赵鹏和王亚平接到命令，分别从不同机场驾驶运输机飞赴震区执行运输任务。王亚平和战友紧急出发，到了成都双流机场后发现停满了飞机，不断有飞机落地起飞，源源不断地从四面八方向灾区运输物资。机场地勤已经没有足够的力量来为每一架飞机卸货，她和战友就自己动手卸，一直干到晚上十一点多。整整十二个小时，她们一口饭没吃，一口水没喝，但是机组没有一个人抱怨，反而觉得很宽慰，终于为灾区做了一些实实在在的事。

赵鹏早已在执行紧急空运救灾物资至双流机场的飞行任务。从地震那天开始，他一个星期飞了六十多个小时，不仅在天上飞，还要在地面自己去卸数以吨计的物资。一天晚上，赵鹏和战友在机场空地休息。当地又发生余震，战友叫醒睡梦中的他，可他呢，迷迷糊糊说完一句话后倒头继续睡，显然已经累到极点。当晚十点多，赵鹏机组将多达几吨的药品和几名医务人员从长沙运送到灾区，又飞赴某机场待命。

当时，赵鹏与王亚平同在这个机场内。

婚后，王亚平和赵鹏约定：每次飞行降落后，都要在第一时间发条短信互报平安。夫妻俩经短信联系才知道，两人竟然在一个机场。

于是，赵鹏准备利用进场间隙去看望妻子。没想到，刚准备见面，王亚平又接到任务，要紧急空运救灾物资到灾区，临时见面只能取消。

“老婆，专心飞行，我为你加油！”

登机前，王亚平收到丈夫发来的短信，一股甜蜜顿时涌上了她的心头。

那天，赵鹏驾驶飞机在成都双流机场降落，四十分钟后，王亚平驾驶的飞机也降落在双流机场。两人终于在机场上演了一场浪漫的邂逅，有了2008年的第一次相会。

王亚平好不容易见到了丈夫，激动地拉住丈夫左看右看，过了好一会儿，才说："老公，辛苦了，抗灾任务还很艰巨，任务多，强度大，你一定要照顾好自己。记着发信息给我，不要再让我担心！"二十分钟后，两人又因新的任务，匆匆辞别。虽然只说了几句叮嘱的话，但那种幸福和感动却胜过了万语千言。

相聚是那样短暂，他们因任务偶遇到一起，又因新的任务匆匆辞别。

夫妻俩说的最多的话是："好好飞行，注意安全！"

在依依不舍和相互鼓励中，夫妻二人驾机再次消失在云海中。爱情有很多种，飞行员的爱情注定了没有花前月下，但也有别人体会不到的感动。

2010年，第二批航天员入队。航天员大队领导见家属第一面，大队长和政委就给两个男家属上了一课：如何当好女航天员的男家属。

这一课，让王亚平和赵鹏印象深刻。他们能体会航天员大队领导的良苦用心。曾经两人各自驾乘战机，互为飞行员家属，在天上比翼双飞，在部队是优秀的飞行员，执行过各种任务，都是空中骄子。如今赵鹏要转变角色，当好女航天员的男家属。因为妻子的职业，改变了自己从前熟悉的生活，全力以赴承担起家的重任，做好妻子的保障，怕他一下子难以接受。

摆在赵鹏面前的，确实是一个艰难的职业选择。要么放弃飞行，调到离妻子近的地方，方便照顾家庭；要么不离开飞行，但离家远，上班辛苦，不能很方便照顾家、照顾妻子。

当听到丈夫说，他愿意停飞以便更多照顾妻子时，同为飞行员的王亚平非常理解赵鹏当时的感受。

作为一名优秀的飞行员，一个视飞行为最大理想的人，难道会舍得放弃钟爱的事业？

将心比心，王亚平不想让丈夫留下遗憾。

王亚平轻轻问赵鹏：“如果抛开我的因素，让你放弃飞行，你舍得吗？”

赵鹏坦诚地望着妻子，摇了摇头，“不舍得”三个字想说又说不出口。

“我理解你对飞行有特殊的感情，那就继续飞吧，不要放弃！我这里，你不用担心！”王亚平鼓励着爱人。

心心相印的两个人相视而笑。

人生的快乐，莫过于做自己喜欢做的事，实现自己的梦想。爱人间的理解和尊重是美好生活的基石，是幸福人生的源泉，是拼搏事业的动力。

男家属变化大

赵鹏每天早上六点钟起床上班，回到家常常都晚上八九点了，路上要耗费四五个小时，非常辛苦。但王亚平和赵鹏非常知足，因为各自从事着热爱的职业，而且能每天见到，相比从前已经好了许多。

赵鹏转变角色之快，变化之大，令王亚平吃惊。

从小能吃苦的王亚平，是个操持家务的能手。以前在武汉，因为两人分居两地，家里大大小小的事情都是她张罗。赵鹏每次从飞行部队回家，王亚平都会精心准备一桌饭菜等着他。家里来了客人，一桌酒菜都是王亚平操办，赵鹏插不上手，也帮不上忙。王亚平觉得，这是做妻子的本分，家里就该是这样，她愿意为爱人做一切。

但是自从入选航天员后，王亚平再也没做过一顿饭，没有打扫过一次卫生，也没有陪丈夫出去旅游过一次。而赵鹏，却从一个什么都不会的家务门外汉，变成利索能干的理家高手，现在甚至可以像模像样地做一桌菜了。

王亚平知道，自己的丈夫为此付出了多少。

赵鹏每天早出晚归，回到家已经很疲倦了。王亚平从公寓打电话回家，有时电话会打不通。一问才知道，赵鹏又在打长途向自己的妈妈或是丈母娘请教菜肴的做法。上网学习也是他提高厨艺的好方法。就为了周末王亚平回家，他能给妻子露一手。他还买了一本厚厚的菜谱放在厨房的微波炉上，随时看，随时操作。从最初干家务的笨拙，到后来的井井有条，王亚平和航天城的蓝天白云一起见证着赵鹏的进步。如今，赵鹏不仅周末能给妻子露一手，就是家中来了客人，也能端出一桌色香味俱全的大餐待客。

“神十”飞天前，王亚平每周回家的任务就是学习和休息，家务活丈夫不会让她沾手。飞天回来后，王亚平回到家里，待遇依旧，因为赵鹏心疼她，怕她太辛苦，这让原来一直认为女人才应该是“家务一把手”的王亚平，很感动。

她欣喜地感受着爱人的变化，既愧疚又幸福地调侃丈夫，夸爱人是贤夫良父。品味着浓浓情意的“爱情大餐”，王亚平心中是满满的幸福满足。

王亚平执行任务之前，全力支持她的赵鹏风趣地说：“老婆，以前我们俩是各自开一架飞机，现在我们俩是齐心协力开一艘飞船。”

“神十”任务期间，王亚平和赵鹏两家的父母，两个人的妹妹都来到王亚平在北京航天城的家里。赵鹏每天一方面关注妻子在太空的情况，另一方面还要照顾好家人，安慰好他们，为大家缓解焦灼的情绪，俨然成了家里的主心骨。每天安顿好老人，赵鹏都要去看看妻子。赵鹏没有张华幸运，因为不是工作人员，不在安排的通话时间是进不去飞控大厅的。赵鹏只能向飞控大厅换班休息的科研人员了解妻子的状况，想办法看看从太空传来的实时图像，每天只有看上几眼，他才觉得心里踏实。

当看了王亚平精彩的太空授课后，作为陪伴妻子一起经历太空授课艰辛训练的见证人，这名勇敢的飞行员激动得难以自抑。

那天晚上，赵鹏等家里的老人休息了，把自己关在书房里。在静谧的夜里，想着白天妻子在太空授课中完美的表现，他特别想知道，此时在太空的妻子在想什么。

想着想着，眼睛忽然就热了，泪水缓缓流了下来。

那是喜悦的泪水，他为自己的妻子感到骄傲！

白发亲娘

在“神十”飞行之前，有人问王亚平：“你回来后最大的愿望是什么？”

“给丈夫做顿饭，陪着家人散散步、逛逛街，好好看一场电影。”王亚平说。

如今这些愿望都实现了，但繁忙的工作学习，让王亚平能陪伴亲人的时间依旧还是太少。回想起她在太空时，因为担心自己的安全成宿成宿睡不着、止不住泪水的母亲；想到性格内敛，独坐电脑前思念女儿满脸是泪的父亲；想到作为老大，却让妹妹分担了大部分照顾父母的责任；想到六七年未回的老家，她总在自责自己不是一位好妻子、好女儿、好姐姐。

飞上太空时，王亚平带了很多喜欢的音乐。她专门挑选了《我的白发亲娘》，还有《父亲》。休息时，这些动人的音乐便在她的耳边回荡，给了她最大的心灵抚慰。2013年6月24日，正赶上王亚平母亲的生日。有心的她在那天专门申请和家人进行天地通话，并为母亲播放了《我的白发亲娘》：

“你可是又在村口把我张望，
你可是又在窗前把我默想，
你的那一根啊老拐杖，
是否又把你带到我离去的地方？
娘啊，娘啊，白发亲娘，
儿在天涯，
你在故乡，
娘啊，娘啊，白发亲娘……”

这是一个女儿对母亲爱的声声倾诉，一个个动人的音符随着电流回荡天地间，传递着女儿对母亲的所有牵挂和感恩之情。

王亚平知道，母亲懂她。

这一切，只因为对事业的执着和热爱。

也因为这份执着和热爱，她赢得了亲人的关爱、理解和尊重！交织的爱，醇厚的爱，凝聚成航天员坚不可摧的力量！

第八章

一条奋斗终生的路

开启梦想之门

敬爱的亚平老师：

您好！我认认真真地听完您在太空的讲课。这堂课，激发了我热爱科学的浓厚兴趣；这堂课，增添了我刻苦学习的信心和力量；这堂课，让我更加明白宇宙的奥秘与伟大。

今天上午，得知您、海胜叔叔、晓光叔叔胜利归来的消息，我的心里无比激动！我多想飞到您的身边，看看您，拉着您的手，听您讲解载人飞船的故事。十三天的太空生活，您和两位叔叔做了那么多的实验，经历了严峻的挑战和考验，我打心眼儿里佩服您！

亚平老师，有一个问题，几天以来一直困扰着我。你们在太空工作生活中，产生的垃圾哪里去了，会不会流向太空？会不会造成太空污染？我一直很好奇，希望亚平老师能给我指点迷津。

我愿做一名环保使者，把太空的环保理念和先进科技，讲给同学们，传递给每一个人，与大家共同携手，保护好我们的家园，让雾霾不再侵袭，让地震、海啸不再发生，让大人、小孩生活在一个天蓝、水绿、空气清新的美丽中国！

亚平老师，渴望早日得到您的答复。

真诚地祝福您！

返回地面后，王亚平收到了很多孩子的信，孩子们饱蘸童真、充满生趣的话语和求知的热情，令她特别感动。

有的孩子说："王老师，看您在睡袋里睡觉，像一个会走路的大烤肠，很好笑。"有的信上说："王老师，看你们在天宫里飘来飘去，像神话里美丽的嫦娥，好羡慕。"还有的充满诗意："王老师，是您给了我梦想，而我会像一只毛毛虫一样，慢慢地爬向树的顶端，总有一天，会像您一样爬上去，变成一只蝴蝶，飞向太空，实现梦想。"

有的说："太空授课，使我对太空更加好奇，我也想飞向太空，去探索其中的奥秘。"还有孩子说："我的梦想也是当一名航天员，你们不要以为你们后继无人哦！请放心地把接力棒交给我吧，我一定会全力以赴做到最好！"

每当看到这些，王亚平都会被孩子们的热情打动，真正体会到太空授课的意义所在。能亲手为孩子们播种航天梦想，开启追梦历程，令王亚平由衷地感到幸福和欣慰。

"神十"任务后，王亚平去过几十所学校。与孩子们面对面交流，感受孩子们对太空的向往和对未知世界的渴望，他们无穷的想象力也让王亚平产生无穷动力，她会和孩子们一起去寻找答案，去学习知识。

在珠海，当一位小女孩听了王亚平的报告，含着泪对王亚平说："亚平老师，今天看到您，我觉得我是所有人中最激动最开心的。"王亚平问为什么。小女孩说："因为我的父母都是航天人。他们都在酒泉工作，我已经好久没有见到他们了，我很想他们。今天看到您，就像见到了他们。以前我特别不理解他们，觉得他们为了工作就不要我了；但是今天听了您的报告，我开始理解他们了！”王亚平搂着小姑娘，动情地说：“你的爸爸妈妈是我们航天事业的无名英雄。你应该为他们感到骄傲！”小女孩激动地说：“将来长大了，我也要做一名航天人！”其他同学也争着说：“我也要做一名航天人！”……

看到这一幕，王亚平感到特别欣慰。

王亚平喜欢孩子，极为珍视来自孩子们的纯真情感和真挚表达。在公寓和家里，她像宝贝一样珍存着孩子们送给自己的小礼物和小心意。她随时提醒自己，要用最大的热忱和努力回报孩子们。无论走到哪里，无论多么疲惫，只要是孩子的要求，她都尽量满足。有时，时间太紧张，无法在现场一一满足孩子们的签名要求，她便带回来，认真签好后再带给孩子们。

王亚平的电脑里至今还保存着这样一张照片——

在校园的青草地上，她微笑着搂着几个孩子，还有更多的孩子围在她身边。孩子们热切兴奋，天真的脸上充满向往。在他们眼中，王亚平是一位亲切而神奇的太空老师。

下一个梦想

之前，王亚平更多是把太空授课当作一项任务圆满完成好，没想到太空授课会带给孩子们那么多梦想和动力。渐渐地，王亚平发现，太空授课也在改变着自己。她开始越来越热衷推广航天科普教育，有时甚至觉得，当一回太空老师的荣耀胜过了作为航天员本身的自豪。

令王亚平感到高兴和欣慰的是，许多学校和机构都为孩子们提供了很好的学习航天知识的机会，孩子们也为此付出巨大的热情和心血。2013年8月，人大附中的学生代表参加第二十届国际空间站设计大赛全球总决赛，并一举夺得亚军。王亚平高兴地在很多场合和大家分享了这个消息。

在“神十”飞行回来的记者见面会上，有记者问王亚平："你的下一个梦想是什么？"王亚平回答说："与儿时的梦想不同，我已找到了一条值得为此奋斗终生的道路。我的梦想，就是在这条道路上能够做得更多，走得更远。"她越来越真切地感受到，太空探索对航天员而言是永无止境的；作为太空教师，科普教育意义也更深远。

2014年9月10日，第二十七届太空探索者协会年会（简称ASE）在北京开幕，来自中国、美国、俄罗斯等18个国家的93名航天员参加了盛会。第一个执行人类载人登月任务的奥尔德林，人类太空行走第一人列昂诺夫，在太空待的时间最长的女航天员香农·露西德，执行了三次航天任务的美国现役女航天员凯瑟琳·科尔曼，还有中国所有飞上太空的十名航天员都出席了盛会。

太空探索者协会会员均为已执行过载人航天飞行任务的航天员，目前有来自35个国家的近400名航天员组成。协会的宗旨是为全世界执行过载人航天飞行任务的航天员提供专业的对话论坛，增加宇宙科学与探讨对人类的受益，促进科学教育，启发青少年增强环保意识，倡导以和平利用外太空的原则开展国际合作。

2014年，协会首次在中国举办年会，主题是“合作：共圆人类航天梦”。在9月11日的ASE大会清华大学分会场，航天员刘伯明和王亚平代表中国航天员做了技术报告，与各国航天员分享太空飞行的经验。

能作为中国航天员代表在大会发言，王亚平感到非常光荣。为了做好这个报告，好强的她做了精心准备。她专门去太空授课的地面课堂所在学校——人大附中，请56个孩子和授课老师一起拍摄了精彩的视频。她还将写满了老师和孩子们真切祝福的签名旗带到了会议现场。

她深情地说：“孩子是我们的未来，如同初升的太阳，对太空充满了好奇和向往，他们也愿张开双臂和其他国家的小伙伴一起，向着未知的太空领域共同成长和探索。”

王亚平希望，有一天能在太空和其他国家的孩子一起互动交流，听听他们的奇思妙想。她也希望，有机会和世界首位太空教师芭芭拉·摩根女士面对面探讨载人航天科普教育的发展和合作。

在题为《太空授课，播种梦想》的报告中，王亚平以亲切生动而饶有趣味的讲述，对科普教育的真知灼见和真挚动人的情感赢得了与会专家和航天员经久不息的热烈掌声。

在大会闭幕式上，经过所有参会航天员的投票，王亚平获得了唯一的最佳技术报告奖。她谦虚地说："并不是我讲得好，而是所有国家的来宾对于科普教育的支持，和对于孩子们的喜爱！"

大会秘书长安迪针对王亚平提到的国际合作，表示支持并将积极努力促成航天科普教育的国际合作。他和王亚平约定，希望她在中国积极推进这项事业。

王亚平深知，作为太空老师给孩子们上的精彩一课，只是为孩子们开启了梦想之门。调动孩子们的求知欲与好奇心是良好的开端，但如何保持学习热情，引领他们透过奇妙的现象去探寻科学本质，面对新现象能进行深刻而又具有创新性的思考，把发现与捕捉问题变成一种习惯，学会合作与分享，愿意应用科学知识为全人类造福，才是留给科学教育者的重要攻关课题。

前行之路，任重道远。

目前，王亚平除了正常的学习和训练，还在高校深造大众传播专业。她希望，自己所学到的知识今后能对科普教育的传播有所帮助。她在报告中讲道："我要用我今后所有的时间，用我在太空授课的经历，以及作为航天员这个特殊职业的优势，为载人航天事业和科普教育事业做更多的贡献，永远做一名孩子们心目中的太空老师。"

热爱生活的王亚平，把和自己爱的人一起观看电影，当作调剂紧张学习工作的最好放松方式。近年来，几部大热的太空题材的科幻电影《星际穿越》《地心引力》和《火星救援》，她当然不会错过。

飞天归来，她特别讲到观看《地心引力》时的感受。

2013年8月，著名导演阿方索·卡隆执导的太空题材的科幻大片《地心引力》成为第七十届威尼斯电影节的开幕影片。然而，故事情节的设置却成为世界各大娱乐媒体的头条：中国空间实验室天宫一号拯救了美国航天员。天宫一号、神舟飞船都在剧中闪亮出镜，中国航天器最终成功帮助美国宇航员脱险。这让看多了美国人拯救世界的观众为之振奋。导演设置这情节的原因，也许在于中国即将建设自己的太空站。所以，王亚平的朋友发短信建议她看《地心引力》，短信上强调："也许，你看了会对你的职业有另一番感悟。"于是，王亚平特地抽空和丈夫、妹妹一起去影院观看。

王亚平完全没有料到，自己在看这部片子时，从头哭到尾。为什么？因为感同身受。

当看到片中的主人公女航天员历经种种磨难，经过重重险境和考验返回地球，王亚平想起了自己在太空的感受：体验失重的感觉，从太空看地球的震撼，想到对亲人战友的牵挂，想到如果自己回不来了会怎么样，想到面临生死抉择自己会怎么想。

一个个问号，一轮轮情感的冲击，让她无法停止流泪。虽然只是一部电影，但所从事的航天员的职业，让她从中感受到其他观众体会不到的情感。

影片结尾处，女航天员历经千辛万苦回来了。当飞船落到海里，她从海里爬起来，爬到沙滩试着站起来，第一下没成功，第二下终于站了起来。她抓了一把沙子，笑着说了声“谢谢”。当镜头从脚部往上推特写，王亚平一下子想起，她从飞船返回舱出来，回到地面的感觉。摸到沙子，就是真切地感到回到了地球，回到了家。

她明白，电影想告诉人们，回家的感觉真好，脚踏实地的感觉真好！记得“神九”航天员刘旺出舱时就是这么说的，其实每一个从太空返回的航天员都有同样的感觉。

这天电影结束后，王亚平半天不敢摘去架在鼻梁上的3D眼镜，等影院放映厅的人走光了她才走，很久都沉浸在电影的氛围里。

回去的路上，赵鹏有些激动地对王亚平说：“电影让我想起你在天上我们在地面的感受，但我现在有了一个更大的感受。”

王亚平问他是什么。

他说：“我要对你再好一点，当航天员真是太不容易了。”

此时的王亚平仰望天空，回想起自己趴在舷窗口，远远地眺望地球，那一刻，心中油然而生对于航天事业的热爱，那也是一种刻骨铭心的陶醉。远处，那颗美丽的蓝色星球富有生命无法比拟的醉人色彩、莫测变幻的表情，散发着独特气质，其所蕴含的蓬勃向上，令人震撼。这让她对美丽的地球家园有了从未有过的亲近感。在地面时，祖国是家，太空是梦；在太空时，天宫是家，祖国是梦。如今，虽已回到地面的家，但是能够再次飞向太空，仍然是王亚平最大的梦想……

魅力无限的太空梦，将继续延伸……

主编简介

李炳银：陕西临潼人，1975年毕业于复旦大学中文系。现为中国报告文学学会常务副会长，中国作家协会研究员，全国报告文学理论研究会会长，《中国报告文学》主编。

作者简介

赵雁：中国作家协会会员。发表小说、报告文学、散文等作品两百余万字，出版《第四级火箭》《中国飞天梦》等9部作品。曾获解放军文艺奖、冰心散文奖、中国电视纪录片系列片十佳作品、国家科技进步二等奖等。

图书在版编目(CIP)数据

太空双子星：女航天员刘洋、王亚平的故事 / 赵雁著；李炳银主编.
—2版.—太原：希望出版社,2017.6（2021.12重印）
（中国精神·我们的故事）
ISBN 978-7-5379-7608-4

Ⅰ.①太… Ⅱ.①赵… ②李… Ⅲ.①报告文学—中国—当代
Ⅳ.①I25

中国版本图书馆CIP数据核字(2017)第105868号

中国精神 我们的故事

太空双子星
——女航天员刘洋、王亚平的故事

李炳银/主编　　赵　雁/著

出 版 人:王　琦
项目策划:田俊萍
责任编辑:田俊萍　宸源雪
复　　审:韩海燕
终　　审:王　琦
美术编辑:韩开文
照片拍摄:刘　潺（新华社记者）朱九通
照片提供:刘　洋　王亚平
装帧设计:山西天目文化传播有限公司
印刷监制:刘一新　李世信
出版发行:希望出版社
社　　址:山西省太原市建设南路21号
邮政编码:030012
经　　销:全国新华书店
印　　刷:山西人民印刷有限责任公司
开　　本:889mm×1194mm　1/32
印　　张:9
版　　次:2017年6月第2版
印　　次:2021年12月第4次印刷
书　　号:ISBN 978-7-5379-7608-4
定　　价:25.00元（平）

（温馨提示:请书中刘洋照片的拍摄者尽快联系我们,以便支付稿酬。）